Amando sin esperar nada a cambio

Celimar Feliciano

Celimar Feliciano
Autora

Frank J. Ortiz Bello
Editor

Mayra A. Ortiz Bello
Asistente del Editor

ISBN: 978-1-881741-96-1

Fotografía de la portada: ID 145966405 © Chernetskaya | Dreamstime.com

Ediciones Eleos
Dorado, Puerto Rico
www.edicioneseleos.com

Ediciones Eleos es una división de FJ Multimedia LLC.

A Dios, quien me enseñó a amar de la manera correcta: sin esperar nada a cambio.

Tabla de contenido

Introducción   7

Nuestra visión del mundo espiritual que nos rodea   9

El comienzo de mi historia   15

Su niñez y primera fase de su adolescencia   27

La vida desde otra perspectiva   37

Intento de recuperación   47

Momentos de agonía   57

Los días en prisión   65

Entre la carne y el espíritu   73

El milagro   81

Tristeza encantada   91

Conversación del alma   101

Un verdadero cambio   109

El amor de Dios   117

Nuestras fuerzas no son suficientes   125

Aprendiendo de esta experiencia   131

Cómo contactar a la autora   135

Introducción

Cada tarea que la vida nos presenta es una experiencia de aprendizaje. Este libro tiene el propósito de explicar acciones, dichos y sucesos de forma personal; mientras explico brevemente las circunstancias que rodearon mi propia vida. Espero que la información que les proveo sirva para dar a conocer los afectos y movimientos que ocurren dentro del alma de cada ser humano.

Estas acciones y sucesos pueden ser entendidos de diferentes modos; pero no trato, ni es mi interés entrar en disputas y controversias. Solo me he dedicado a escudriñar cuidadosamente mi propia experiencia que, a mi entender, ha creado cierta discrepancia entre los seres humanos, por estar faltos de conocimiento.

Hay muchas cosas que nos causan inquietudes sobre otras personas que vemos en nuestro alrededor; sin embargo, cuando tenemos de frente a esas personas, que con franqueza nos puede decir todo cuanto sabe para aclararnos las dudas o inquietudes que tenemos sobre ellas, en ocasiones preferimos mudar la conversación con disimulo. Tendemos a eludir la comprensión misma para prevalecer nuestra propia interpretación.

La vida y el ser humano ciertamente son un enigma muy difícil de comprender. Utilizando la fe que tienes en Dios, daremos un viaje sobre mis propias experiencias que podrían ayudarte en el caminar diario. También es mi esperanza que comprendamos en amor a las personas que nos rodean, mientras ponemos nuestras prioridades en el orden correcto.

1

Nuestra visión del mundo espiritual que nos rodea

Según los principios cristianos, los ángeles son espíritus celestes creados y enviados por Dios para su ministerio. Son poderosos en fuerza y en potencia que actúan para ejecutar órdenes divinas. Estos emanan luz, advierten y están a cargo de promover la gracia y la justicia divina de Dios.

> *Pues a sus ángeles mandará acerca de ti, que te guarden en todos tus caminos. En las manos te llevarán, para que tu pie no tropiece en piedra. (Salmos 91:11, 12 RVR1960)*

Así también se dice que un demonio es un ángel caído, enemigo de las almas que le advirtió a Dios que cuando sus hijos dudaran, ahí entraría él, a corromper sus mentes; pero su principal propósito sería intentar llevar a la ruina nuestras almas. Los demonios son ángeles rebelados, demasiados perversos y hábiles, son espíritus que incitan al mal; expertos en el arco y la flecha pues son cobardes y pelean de lejos, pero cuando tiran, tiran a matar, no juegan, te entrampan. Son enemigos de las almas que con sentimientos obsesivos torturan y están atentos a nuestras debilidades. Los demonios se sienten miserables cuando no son capaces de realizar sus malignos planes de arrastrar a otros a la autodestrucción.

Aunque muchos no creen en los demonios, sí reconocen que como existe el bien existe el mal, e indudablemente los demonios tienen varias áreas de trabajo que son moral y espiritualmente ilícitos, pero que asombrosamente suelen ser grandes por la debilidad o tentación del ser humano. Entre ellos el área carnal y la criminalidad.

Por otro lado, la fe es un don espiritual que no se puede ignorar, una virtud del ser humano que se manifiesta convincentemente sin temor a equivocarse. Es practicada generalmente por la Iglesia o por el cristianismo, para creer en el Ser Supremo que usualmente conocemos como Dios; quien no puede verse físicamente y que solo puede representarse por una imagen formada en nuestras mentes y a través de la grandeza de su creación. La fe da por cierto algo que el entendimiento no alcanza a entender porque no está comprobado o demostrado, no cuestiona lo incuestionable, es el lenguaje de los que triunfan.

Es, pues, la fe la certeza de lo que se espera, la convicción de lo que no se ve. (Hebreos 11:1 RVR1960)

Muchos conocemos a Dios como fuente de la vida; Padre y Creador de todo el universo, al que tristemente recurrimos en nuestros momentos de desdicha para que nos consuele y nos lo remedie. Sin embargo, es el mismo que sin reproches de todos se apiada con desmedido amor, proporcionándonos esperanza ante la adversidad. Es el que misericordiosamente, con excesivo y abundante amor, entregó a su Hijo para que muriera por nosotros, libertándonos y perdonándonos de nuestros pecados.

Porque de tal manera amó Dios al mundo, que ha dado a su Hijo unigénito, para que todo aquel que en Él cree, no se pierda, mas tenga vida eterna. (Juan 3:16 RVR1960)

Nuestro más fiel amigo, con quien meditamos y oramos a solas desde el corazón. Ser Supremo que nos dio vida en abundancia y al que no tenemos que ver para creer. Basta con la grandeza de la naturaleza, la perfección de cada detalle y su inmensa gama de colores, para admitir que el hombre no lo pudo haber creado.

Vivimos en un mundo donde la gente se ha

olvidado de darle valor a la verdadera riqueza que nos rodea. Es sorprendente ver cómo podemos insensibilizarnos y no indignarnos ante el dolor y la injusticia ajena. No nos preocupamos por los demás como en nosotros mismos, aun sabiendo que eso nos haría seres más humanitarios. Permitimos que la humanidad, que es algo tan limpio y puro, se contamine con lo mundano.

Habitualmente somos muy dados a los placeres y a las convenciones de la vida social, principalmente en los aspectos más frívolos e inhumanos. A veces parecemos seres desalmados donde nuestra bondad reaparece confusamente en tiempos tales como la Navidad. Atendemos demasiado a las cosas del mundo y nos olvidamos de nuestra verdadera esencia. Mostramos indiferencia frente a la destrucción del planeta y nuestra propia autodestrucción. Hay quienes crean en sus mentes maquetas o cosmoramas visualizando el mundo anhelado para vivir en una fantasía, puesto que lo existente de este en que vivimos ya lo destruimos. Nos abanicamos descansando en nuestro balcón, convirtiéndolo en todo un mirador.

Porque sabemos que toda la creación gime a una, y a una está con dolores de parto hasta ahora… (Romanos 8:22 RVR1960)

¡Y no hacemos nada! ¿Y qué decir de la amistad? En ocasiones, al denominarnos amigos, no sabemos con exactitud el significado de la palabra «amistad». Amigo es aquel quien se entusiasma de tus logros, y que al mismo tiempo te corrige cuando obras mal y se preocupa por tu bienestar. Es aquel que cuando estás frente a un enojo, en lugar de secundarte para que sientas su apoyo, trata de suavizar tu ira para que puedas discernir y pensar cabalmente. Es quien te ama por quien eres, quien te da su abrazo sincero en momentos de dificultad, quien te llama como hermano(a) ¿Tienes un amigo así? Si es así, cuídalo, escúchalo y no te enfades por lo fuerte de sus verdades, porque te quiere bien.

> *En todo tiempo ama el amigo, y es como un hermano en tiempo de angustia. (Proverbios 17:17 RVR1960)*

Si se fuera a describir al ser humano por las cosas que observamos, podríamos decir que es un ser abominable, porque para muchos nos podría resultar simple condenar, señalar y maldecir a alguien o algo por ser considerado malo o perjudicial. Lo que realmente debemos despreciar es a nuestra debilidad, esa a la que cedemos fácilmente ante la insistencia o el afecto por alguien más, que nos lleva a hacer cosas malas y perjudiciales. Esa que a veces nos convierte en jueces sobre las debilidades de otros, por no querer ver las nuestras. Cuando actuamos como jueces de las debilidades ajenas, realmente demostramos que carecemos de humildad; porque la humildad consiste en el conocimiento de nuestras propias limitaciones y debilidades.

> *No juzguéis, para que no seáis juzgados. (Mateo 7:1 RVR1960)*

Es triste admitirlo, pero a veces parece que hemos perdido el corazón y no aportamos nada a esta vida. Así que yo decidí contribuir en algo o en alguien para intentar dejar de ser abominable. Coexistimos bajo la presencia persistente de espíritus inmundos, comúnmente llamados demonios, quienes se manifiestan de manera muy singular. Son tantos, legiones, que si nos descuidamos espiritualmente, podríamos perder el contacto con nuestro Creador.

2

El comienzo de mi historia

La historia que te narraré a través de este libro es la parte de mi vida que me ayudó a desarrollarme y a desenvolverme en quien soy. Pero antes comenzaré hablándote un poco sobre mí. Aunque siempre trataba de buscar las cosas que son de arriba, no las de la tierra; las del espíritu, no las de la carne; reconozco que mi mayor defecto provenía de mi propia carne.

Porque sabemos que la ley es espiritual; mas yo soy carnal, vendido al pecado. (Romanos 7:14 RVR1960)

Me consideraba una persona desvergonzada, de apetitos desordenados por las pasiones deshonestas y que hacía uso frecuente de palabras muy condimentadas. Aun siendo tan desvergonzada tenía conciencia, solo yo tenía acceso a ella. Me advertía entre lo bueno y lo malo, y trataba de modificarme, pero era muy difícil porque aun siendo del cielo era muy terrenal. En ocasiones hacía mal y no sentía arrepentimiento. Eso sucede cuando tienes la conciencia cauterizada, y en ocasiones ya no te importa nada.

No me gustaba la soledad. No sabía orar. Si me maldecían, bendecía; si me perseguían, lo soportaba; y, si me difamaban, rogaba. Constantemente buscaba edificarme, pues era muy creyente, temerosa de Dios, sensible de corazón, y poco o nada interesada por lo material. Poseía vocación de ayudar al necesitado; pero como todo ser humano, gozaba de virtudes y defectos. Había cometido faltas donde había tocado fondo y había errado, pero al caer persistentemente me levantaba. No me encariñaba con los lugares, sino con las personas, pues me encantaba interactuar con ellas. Era muy independiente, pero muy apegada a mi hogar y a mi familia.

Tenía un buen sentido de orientación, aunque a veces creían que enloquecía. Continuamente andaba buscando causas que parecían perdidas por las cuales luchar, pues creía en un Dios que todo lo puede y en la potencia más grande de mi corazón que era mi fe, mi mayor tesoro. No creía en maravillas. Creer es fácil cuando ves. Es ahí donde descubro que también hay que creer en las cosas invisibles porque esas son eternas, y escrito está.

La historia que leerás a continuación está basada

en mi propia vida y la de un joven que conocí, con hechos reales y de gran sensibilidad. Inicio por presentarles quién era yo antes de conocerlo y en qué punto de mi vida me encontraba. No pendía de un hilo, pero cuando lo conocí, me encontraba en plena oscuridad, tenía mis ojos cerrados y seguramente estaba ajena ante tanta realidad. Él me hizo despertar, mi existencia no tenía ningún sentido.

Andaba sin rumbo ni propósito, pretendía conseguir algo, pero no sabía qué. Simplemente permanecía, me desconocía a mí misma, no creía en diccionarios, nada me entusiasmaba, todo me aburría y jamás hallaba tiempo para hacer todo lo que en realidad anhelaba, sin saber lo que traería para mí el mañana. La cama era el lugar donde transcurría la mayor parte de mi vida. Rara vez despertaba de buen humor, no hacía nada, pero vivía cansada y él me hizo renacer marcando el comienzo de nuestra historia.

Eternamente creía en el amor, pero en el real, ese que tanto se menciona, el que no conoce el egoísmo, el inalcanzable. Dicen que no se busca, se encuentra, pero… ¿dónde? Constantemente me lo preguntaba. Nunca pequé de ignorancia dudando que llegara, siempre supe que lo encontraría; solo que no sabía el tiempo ni el lugar, solo me restaba esperar. Al tiempo lo encontré; el amor se paseaba por ahí, muy dolido, muy golpeado.

Los anocheceres traen sorpresas y allí estaba él esperándome: un guerrero de luz en medio de la oscuridad. Su cara se adueñaba de la noche, era como si hubieran descolgado la luna y lo hubiesen puesto a él; mientras mi mirada acampaba sobre él, encontrando así mi corazón una razón para latir.

Éramos como dos gotas de agua a punto de evaporarnos en plena oscuridad; su sola mirada me desnudaba el alma y era aturdida por los pensamientos que invadían mi mente. Me negaba a mirarlo fijamente a los ojos, apartando la vista para no palpitar, pues muy bien sabía que iría con él hasta el final. En un principio no podía asimilar lo que me estaba sucediendo, mientras que el temor de confirmar que estaba enamorada hizo que renegara de ese amor por tiempo, por creer haber perdido la razón. No estaba segura de que ese fuera mi propósito junto a él, pero en fin, fui queriéndolo sin leyes ni horarios. Él era en gran parte lo que yo buscaba, no había apariencias, solo era él y nadie más que él.

Yo, que había escapado de mi jaula reclamando a voces sentirme amada, en ese instante que lo tenía tan cerca reaccionaba diciendo: «Lo nuestro es imposible». Mi percepción decía no, pero mi corazón no perdía la fe.

«¡Recuerda que te amo!», era su frase de todos los días. Ambos teníamos en común un millón de cosas. Éramos desiguales, pero casi exactos. Era impresionante nuestra inmensa compatibilidad de caracteres; sin embargo, mas allá de todas las similitudes entre nosotros, cada una de nuestras posibilidades daban invariablemente a cero. A pesar de eso decidimos intentarlo.

Teníamos un deseo escrito en lo alto y en él confiábamos. El cielo no podía cerrarse para los dos porque sabíamos lo que era la necesidad de amar. A la hora de explicar hasta dónde nos amábamos, el límite de lo aceptable traspasaba nuestra vocación y nuestros anhelos. Junto a él me embestía el buen humor; así que decidimos vivirlo sin vergüenzas, aunque tuviéramos el mundo en contra nuestra.

Era algo tan fuerte que a diario me arrastraba y me llevaba hasta llegar a él. ¿Sería el amor o sería mi misión? Yo lo dirigía y él ponía las ideas. Teníamos algo que a muchos les faltaba: corazón. Éramos imparables. Recuerdo que constantemente buscábamos una ubicación muy discreta para vernos, donde yo lo sanaba con palabras y aunque el tiempo transcurría tan velozmente lo sabíamos hacer eterno.

Jamás olvidaré la inmensa tristeza que mostraba su rostro al alejarse, pretendiendo ocultarme su llanto; anhelaba permanecer junto a mí. Del mismo modo se manifiestan en mi mente los recuerdos cuando conducía sin rumbo para encontrarlo y sin tener resultados retornaba a mi hogar, confiada en que volvería a verlo. Al acostarme leía las cartas de cortas líneas que a medias me escribía expresándome cuánto me amaba, eso invadía mis cinco sentidos y me hacía sonreír. Él se creía un ser pequeño. Aunque poseía muchas virtudes, el manto de la oscuridad lo perseguía a donde quiera que fuera, lo cual no le permitía ver su grandeza.

Yo, que vivía en un punto intermedio entre el cielo y el infierno, me acostumbré a respetar los tiempos de Dios y a apreciar la naturaleza, esperando pacientemente la llegada de un nuevo sol después de cada tormenta. Comprendí que no debía juzgar sin saber la verdad, porque para comprender a los demás debía colocarme en su lugar. Aprendí que jamás lograría disfrutar plenamente de lo que era mío si no lo compartía con alguien más, y que hacer algo por el prójimo era mejor que hacerlo para mí misma. Él me enseñó que si la vida la das a quien te pide ayuda, si en tu alma no hay ni una sombra de maldad y haces una oración, encontrarías la dirección que no habías podido encontrar.

Constantemente me pregunto cómo se hubiera desarrollado mi vida de no haberlo conocido. Por más que pienso, sé que de no ser por su existencia una parte de mi vida seguiría vacía, pues ¿de qué otra manera Dios me hubiera hecho comprender que tenía adormecida en mi interior la capacidad de cambiar las cosas que no me agradaban? ¿Hubiese descubierto a tiempo el auténtico tesoro que había a mi alrededor o, como lo hacen muchas personas, lo hubiese hecho solo cuando ya no me quedara tiempo para disfrutarlo?

Descubrí que los ángeles sí existen, y ese ángel era él, a pesar de tener sus alas caídas y su mente confundida por las desavenencias de la vida. Aun con su disfraz de vagabundo no logró pasar inadvertido por mi vida. Bajo esa vestidura y detrás de su mirada encontré yo su alma sin fuerzas, casi sin aliento esperando un «te quiero», mendigando una caricia, de sus ojos emanaba una luz brillante igual a la de las estrellas. Escaseaba de muchas cosas, pero siempre conservaba una sonrisa perfecta y bien parecida a la luna.

Dios se manifestaba en cada expresión suya, en sus palabras y gestos al hablar, mas su mente confusa no le permitía razonar. Cada día se alejaba más y más de la realidad, accediéndole la entrada al ángel caído que había sido expulsado del paraíso.

Es curiosa la forma en que lo conocí, era invierno de 2006 y yacía sentado, recostado de la pared de una farmacia muy reconocida a la que no voy a mencionar. Pedía misericordia y limosna para poder subsistir al estilo de vida que asumió a consecuencia de las circunstancias que le rodearon.

Cuando el diablo dijo a través de mucha gente, que había acabado con él y con todo su organismo, Dios dijo: «¡Yo tengo todavía una obra por hacer!». En ese momento aparecí yo, y escuché la voz de Dios decirme: «Vuélvete y háblale al que está detrás de ti. Él te necesita, su cuerpo es mi templo y no se quemará en el fuego. Yo lo libertaré y te escogí a ti. Tú solo confía en mí». Confundida, pero segura y dispuesta, me volteé. Allí estaba él, hambriento y sediento. Su mirada me inspiró confianza, le pregunté qué quería comer, a lo que respondió:

—Jugo y donas —. Eso le llevé, y me senté a su lado sin importar los comentarios despectivos que comúnmente hace la gente.

Lo apodaban Yuyo. Después de aquel día entendí que Dios me había encomendado una misión, y esa era en parte proteger y velar por él. Inmediatamente me ofrecí a recortarlo, y al cabo de unos meses lo llevé a casa de mi abuela para brindarle una nueva imagen. Yo me preocupaba que comiera bien y al mismo tiempo sufría cuando llovía, pues no gozaba de un techo seguro en el cual guarecerse. Añoraba ver el mar, así que lo llevé y me senté en un tronco que posaba sobre la arena, mientras lo observaba correr como un niño junto a las olas.

En mí encontró una amiga incondicional. Confió y me relató sobre su adicción a las sustancias controladas y cómo se sumergió en ellas. Se encontraba esclavizado al diablo, Satanás, Lucifer o como lo quieran llamar.

> *…en los cuales anduvisteis en otro tiempo, siguiendo la corriente de este mundo, conforme al príncipe de la potestad del aire, el espíritu que ahora opera en los hijos de desobediencia… (Efesios 2:2 RVR1960)*

Es el príncipe de los aires porque ya no está en los cielos, ahora anda de aquí para allá y de allá para acá, tal como lo hace el viento. Así andaba tras él, junto con sus demonios que ejercían dominio total sobre su alma, cuerpo y espíritu desde su niñez hasta su edad adulta. Físicamente él vivía únicamente al nivel de un animal, inspirando lástima en los demás. Esperando sentado que alguien se apiadara de él, así fuese con un plato de comida fría o simplemente siendo rechazado y humillado por la humanidad.

Aun estando tan debilitado, los demonios le daban fuerzas sobrehumanas para caminar en busca de su dosis diaria, de tal manera que nadie podía mantenerlo firme, de pie, sin que recayera; pues estaba en oposición a sí mismo. Pero, aunque no estaba sujeto con cadenas de hierro, tampoco estaba libre. Era un desdichado y pobre esclavo del pecado y de Satanás. Andaba en medio de las tinieblas.

Yo quería ayudarlo; sin embargo, debía reconocer que los esfuerzos humanos para luchar contra estas influencias malignas, son algo deficientes si se carece de voluntad y completa disposición. Ni las leyes, ni las cárceles, ni los reformatorios, ni los programas gubernamentales de rehabilitación; han podido detener el avance del crimen, el desorden en la sociedad, ni la venta de estupefacientes.

Muchas personas no ayudan al prójimo por temor a que Satanás y sus demonios se enfurezcan, y atenten contra ellos ferozmente a través de sus fuerzas malignas. No obstante, para mí era diferente porque creía y creo en alguien mucho más poderoso que el diablo, y el amor que por él sentía me motivaba a desafiarlo. Estaba cansada de que Satanás y sus demonios nos hicieran sufrir, y de que tuviéramos que vivir a su antojo. Porque muchos, en su ignorancia, no reconocen que Dios existe, y tratan de usar sus propias fuerzas contra los ataques del maligno.

Celimar Feliciano

3

Su niñez y primera fase de su adolescencia

Para aquellos tiempos muchos se inscribían involuntariamente en el ejército al cumplir su mayoría de edad, pero metafóricamente yo me inscribí por voluntad y por ordenanza de Dios. Así que fui expuesta como un blanco espiritual, siendo atacada con dardos de fuego y teniendo mi armadura incompleta. Así inicié mis 21 años, dispuesta a luchar hasta morir. Antes, le hubiese servido a Dios como instrumento por miedo a los demonios, pero ahora quería servirle en agradecimiento por la misión que me había encomendado.

> *Aunque un ejército acampe contra mí, no temerá mi corazón; aunque contra mí se levante guerra, yo estaré confiado. (Salmos 27:3 RVR1960)*

Me busqué al enemigo gratuitamente, y por creyente. No sabía a lo que me enfrentaba y esa misma noche en la que me inscribí, sin desperdiciar ni

27

un solo segundo, se reunieron todas las tinieblas. Así lo sentí. Era como estar asomada frente a una ventana justo en medio de la noche, donde todo es muy oscuro y todo son sombras al mirar. Donde llena de miedos podía contemplar cómo las puertas del infierno se abrían malintencionadamente para mí, solo por amar y querer enfrentarme a la maldad tras una orden divina.

Similar a la *Historia de la Redención* por Elena G. de White, el gobernante de los demonios, mejor conocido como Lucifer, príncipe de los ángeles rebelados, los reunió con un solo propósito: enfurecido buscaba un valiente que sin titubear le llevara al amor arrastrado a sus pies. Habiendo gran murmuración entre todos los demonios, uno de ellos se ofreció y muy confiado prometió a su gobernante traerlo costase lo que costase, y se marchó. ¡Así lo sentí! El gobernante ansioso lo esperaría; el amor ha sido, es y seguirá siendo su enemigo por muchos siglos; ya que según él, este se ha entrometido en muchos de sus negocios, pues todo lo que él destruye el amor lo transforma.

Esa noche, ¡sí!, esa misma noche conocí a mi primer contrincante: la codicia. Esta intentaría disolver el gran sentimiento, la gran obra e historia que comenzaba a formarse con nosotros. ¿De qué manera? Les explico, la codicia es el apetito que habita dentro de personas que están faltas de afecto, que no conciben que personas tan indefensas como lo son muchos de los deambulantes y adictos que viven en nuestras calles, por falta de fortaleza o baja autoestima, toquen el corazón del prójimo tan cómodamente. ¡Son seres vivos físicamente, pero muertos emocionalmente! ¿Por qué actuar como si no existieran? ¿Por qué el rechazarlos o insultarlos?

La codicia hace que perdamos el respeto a los demás codiciando lo que otros tienen y a ellos les falta. Comenzamos a denigrar y desprestigiar al prójimo. En casos muy comunes como este, la codicia se presenta con una actitud de superioridad, marginando sin cargos de conciencia a este tipo de individuos. Hace que perdamos la sabiduría, y quizás te preguntes: ¿qué tiene que codiciarle una persona de alta sociedad o de clase media a sujetos como ese?

El amor, el cariño, el afecto y la pureza de su alma que despierta en otras personas que don dinero no puede comprar, puesto que el amor no conoce de cuentas bancarias. ¿Buscas llenar el vació en tu interior con el dinero? ¿Cuál es el afán excesivo y desordenado de almacenar tanto dinero aquí en la tierra, si cuando mueras no te lo podrás llevar al cielo? ¿Quién se quedará con lo que amontonaste?

Y les dijo: Mirad, y guardaos de toda avaricia; porque la vida del hombre no consiste en la abundancia de los bienes que posee. (Lucas 12:15 RVR1960)

Porque los que quieren enriquecerse caen en tentación y lazo, y en muchas codicias necias y dañosas, que hunden a los hombres en destrucción y perdición; porque raíz de todos los males es el amor al dinero, el cual codiciando algunos, se extraviaron de la fe, y fueron traspasados de muchos dolores. (1 Timoteo 6:9, 10 RVR1960)

Todos crecemos y nos hacemos mayores. A lo largo de la vida, suceden diferentes etapas: la infancia, la adolescencia, la edad adulta y la vejez. Cada etapa supone unos cambios que afectan a tu cuerpo y a tu forma de pensar.

Yuyo venía de un núcleo familiar donde la madre y el padre consumían drogas delante de él y de sus hermanas. Él y sus dos hermanas eran adultos que de niños fueron testigos de una negligencia ocasionada por los miembros de su familia; negligencia que los privó de las necesidades básicas tales como: alimento, ropa, hospedaje, atenciones médicas, atención a la higiene, protección y supervisión, entre otras. Sus padres, intentando librarlos de un riesgo mayor, decidieron mudarse de Puerto Rico y viajar a los Estados Unidos en busca de una nueva esperanza, intentando rehabilitarse. Decisión que solo los llevó un tanto más cerca de la autodestrucción.

Ahora sobre los hombros de la hermana mayor de Yuyo, se arrimaba la mayor responsabilidad; estando tan pequeña, apenas unos diez años, era el aproximado para tener que hacerse cargo de sus hermanos. Sus padres se encontraban juntos, merodeando por las calles, apartándose de los cuerpos, envenenándose de un tiro, con una jeringa llena de un narcótico alucinógeno muy deprimente. En aquellos tiempos vivían en Manhattan, en uno de los tantos abandonados y quemados tejados de aquella ciudad.

Solos los tres, andando de un lugar a otro por aquellas calles amargas. La hermana mayor robaba para darle de comer y vestir a sus hermanos. Yuyo desde pequeñito, con apenas ocho años, ya pedía en las calles para jugar en las maquinitas. La más pequeña caminaba siempre junto a su hermana. Al anochecer, si estaba lloviendo, en lugar de llevarlos a aquel tejado abandonado lleno de escombros, los trasladaba hasta un parque recreativo y los acostaba a dormir dentro de un túnel cilíndrico, en donde se cobijaban unos con otros, siempre juntos.

Su padre, al ver que cada vez más descuidaban a sus hijos por su extrema adicción, tomó la decisión de llamar al Departamento de Servicios Sociales. Sin embargo, sus hijos siempre se ocultaban, hasta que a Yuyo y a su hermana más pequeña los atraparon al ofrecerles un par de mantecados. La hermana mayor logró escapar, pero ni las cestas de ropa sucia lograron ocultarla. Ya los tenían a los tres. Iban a separarlos para enviarlos a diferentes hogares, pero ellos se unieron y pidieron no separarse, así que los llevaron a manos de una familia que se haría cargo de ellos durante un tiempo.

En medio de esta gran familia conocieron el calor de un hogar, las atenciones diarias de un padre y una madre y el cariño de unos hermanos, por algunos tres años, hasta que su abuela materna pidió la patria potestad de ellos. Fueron transportados junto a su madre de regreso a Puerto Rico, viviendo día por día la misma situación. Son muchos los recuerdos dolorosos que quedaron grabados en sus mentes. Adultos como ellos, a menudo arrastran estos recuerdos dolorosos en su vida adulta.

Para Yuyo, estas memorias y experiencias dolorosas inevitablemente influyeron en su elección de cómo vivir su vida, tomando un camino equívoco, haciendo de su vida una dinámica autodestructiva. Quizás todo hubiese sido distinto si esa victimización durante su niñez hubiera sido reconocida o tratada por un profesional. Al ser tan pequeño era incapaz de comprender o poner en palabras tal complicación. Por momentos llegó a culparse a sí mismo por no poder cuidar y proteger de sus hermanas.

En su adolescencia no comentaba sobre su pasado para evitar sentirse avergonzado por lo ocurrido en su infancia. Eso hizo más difícil la posibilidad de que él tuviera un acceso directo a un adulto en quien pudiera confiar y lo pudiera orientar. Este tipo de negligencia lo llevó a sentirse solo, vacío, triste y a refugiarse en la drogadicción. Sus padres fallecieron de SIDA. Era huérfano de casa y de alegría, por lo indiferente que la vida fue con él. Él era él y su circunstancia, como diría el gran filósofo español José Ortega y Gasset, quien pensaba que las personas somos lo que somos porque los acontecimientos que nos suceden a lo largo de la vida nos van marcando.

Desde sus catorce años comenzó a experimentar con las drogas, y aunque en ocasiones logró dejarlas, una y otra vez retrocedía a ellas. Su vida fue una muy inestable, fueron muchos los intentos por dejarlas. Lo sé porque a sus 28 años, a partir desde que lo conocí, continuamente estuve ahí para apoyarlo. De alguna manera yo intentaría cambiar sus fuentes habituales de negativismo a positivismo, curando sus llagas a diario, abrazándolo cuando sufría y alentándolo cuando lo menospreciaban, porque dice la Palabra:

> *...sino que lo necio del mundo escogió Dios, para avergonzar a los sabios; y lo débil del mundo escogió Dios, para avergonzar a lo fuerte... (1 Corintios 1:27 RVR1960)*

Este hombre del que les hablo era uno al cual yo amaba por solo Dios haberlo puesto en mi camino. En ese momento la canta autora Kany García tocó mi vida muy de cerca con un tema titulado *¿Qué nos pasó?*, donde la estrofa que más fuertemente tocó cada vena de mi corazón era en la que interrogaba:

«¿Qué nos pasó? Que ya olvidamos los abrazos, que no confiamos en la gente, que la inocencia es la palabra más ausente. No me digas nada más si es que en tu mirada está ese gran vacío que ha sido embargado de frivolidad».

¿Letra profunda verdad? ¿Qué nos pasa que arrinconamos las cosas de más valor en la vida, entre ellas la integridad entre nosotros mismos, otorgándole más valor a lo material?

Desde el inicio siempre creí y confié en Yuyo. Mientras me relataba su historia yo permanecía inmóvil, sin poder separarme; entre el silencio y las palabras, entre la mente y las miradas; entre la añoranza de que él fuera hecho nuevo. Las horas parecían volar, hasta que uno de los inventos más populares de la tecnología nos cortaba la inspiración: el celular. Era mi madre llamando impaciente porque ya era hora de llegar.

En ocasiones una llamada no bastaba para lograr desterrarme de allí, pero siempre tenía que retornar a casa e impacientemente esperar la llegada de un nuevo día para volver a reencontrarnos. ¡Qué impaciencia!, entonces los segundos parecían no correr. Al día siguiente me preguntaba dónde estaba, necesitaba verlo. Junto a él aprendía cosas nuevas, eran lecciones de vida a diario; por ende, recorría las calles hasta encontrarlo. Yuyo estaba dentro de mi corazón y lo defendería con valentía y fe de cualquier individuo o ante cualquier amenaza, sin frenos ni temor pues lo nuestro no era casualidad.

Por él, yo caminé dentro del fuego y así vivía confiando. Finalmente, luego de mucho buscarlo lo encontré en el basurero de un restaurante de comida rápida muy concurrido. Aún recuerdo su regocijo al verme. Me invitaba a pasar como si fuera su hogar, mientras me decía:

—¡Aguarda!, que estoy arreglando algo para ti. — Era un bolígrafo con espigas de fibra óptica que cambiaban de color.

En aquel momento comprendí que el valor de lo material no está en lo material en sí, sino con la buena intención que te lo han de regalar. Todos tenemos derechos humanos y el más grande de todos es el derecho a la vida, el derecho a ser respetado sin importar dónde se viva. Él tenía el derecho a no perder su derecho por ningún motivo.

Para aquel tiempo mi prima se encontraba entre creer y no creer en Dios, y llegaba a mis pensamientos de manera muy peculiar, ya que se había criado entre hermanos mayores y dos de ellos eran no creyentes. Sus hermanos tenían sus propias ideas referentes a Dios. Para ellos Dios no existía y entre ellos comentaban y ella en silencio escuchaba sus ideologías. Al ella llegar a mi casa, se encontraba con una perspectiva totalmente diferente. Ya no sabía qué creer y se disponía a ser esclava del silencio, pues se debatía entre dos mundos radicalmente opuestos. Ya no pensaba por sí misma, y no podía expresarse, pues temía al rechazo de una de las dos partes.

4

La vida desde otra perspectiva

La religión es un conjunto de creencias, es un régimen de verdades que los creyentes aceptan por medio de la fe sin dejar lugar a la duda o a la discusión. Ciertos seguidores, ante la gloria de Dios, se sienten pequeños y débiles, lo que les produce cierto temor y a su vez un enorme respeto y admiración hacia este Ser Supremo.

Otros se dicen ateos, que según como dice la Biblia en Romanos 1:22, profesaron ser sabios, pero realmente se hicieron necios al negar la existencia de Dios por negarse a creer que tanta grandeza viniese de algo nunca visto, o por el simple hecho de no sentirse inferiores siendo catalogados como débiles. Estos rechazan el tener por verdadero lo que Dios ha revelado y la Iglesia propone creer.

Porque las cosas invisibles de él, su eterno poder y deidad, se hacen claramente visibles desde la creación del mundo, siendo entendidas por medio de las cosas hechas, de modo que no tienen excusa. (Romanos 1:20 RVR1960)

Pero no los juzgo ni los critico, pues uno de los elementos de la religión es lo que yo llamo «el misterio», que es lo que está oculto y que la mente humana no puede comprender si se carece de fe, pues no puede expresarse con palabras ni representarse con imágenes. Todos tenemos derecho a la libertad de pensamientos, de conciencia y religión. Puedes creer en lo que quieras sin violar el derecho de nadie. No hay por qué esconder o disimular tus creencias, solo se basa en respetar las creencias de cada cual sin entrar en controversias.

Por tal razón no sería tarea fácil a lo que me encomendaba con mi prima, así que comencé presentándole a quien sería en su vida una gran enseñanza. Quien le haría comprender que sin importar la condición social que se tenga en la vida, todos valen por igual, porque para Dios no existen clases sociales. ¿Conocen la igualdad? Hay muchas personas que nacen con ciertas desventajas. La igualdad se basa en que seamos tratados por los demás sin diferencias. Fue entonces cuando la llevé a conocer a Yuyo. Era Navidad y le llevamos obsequios. Su cara de asombro era sorprendente, similar a la de un niño. Ella nunca había rozado con tanta humildad y simplicidad. Eso bastó para que se le erizara la piel y se abriera su corazón.

Fue un buen comienzo. Afortunadamente cargaba consigo su cámara fotográfica con la cual congelamos un sinnúmero de imágenes junto a él. Comenzó a hacernos chistes y muchas de sus tantas anécdotas. No parábamos de reír. Después de mucho compartir nos despedimos. Al menos con esa experiencia ella nunca más sería indiferente con la vida ni con nadie.

Al día siguiente le pregunté a mi prima que cómo le había parecido mi amigo Yuyo. Ella me respondió que le había inspirado confianza y que alcanzó a darse cuenta del gran ser humano que era. En tan corto tiempo ya se había acostumbrado a él. Se querían como hermanos y así se llamaban. Él siempre le sugería enfocarse en sus estudios y en su crecimiento como ser humano, le hablaba de Dios y del poder de su grandeza.

Es en ese momento aparece mi segundo oponente: la envidia. Este es uno de los pecados más comunes y solo persigue a personas que tienen algún tipo de éxito en sus vidas. Se disfraza de saludos de personas que desconoces que te dicen: «Estás haciendo una grandiosa obra de caridad», «en hora buena llegaste a su vida», «serás bendecido»; y en sus mentes solo están agradeciéndote que les remueves un estorbo de su panorama.

> *¡Generación de víboras! ¿Cómo podéis hablar lo bueno, siendo malos? Porque de la abundancia del corazón habla la boca. (Mateo 12:34 RVR1960)*

La envidia es un sentimiento fatal, y puede estar internamente en tu hogar e incluso en tu familia, intentando aislar a la bondad y al amor; fluyendo en la sangre de mucha gente. Casi todas las personas han tenido problema con este pecado, pero lo más triste es que pocos lo confiesan. Esta se presenta sistemáticamente con tristeza o pesar del bien ajeno. ¡Ojo! Si al pensarlo lo sientes no le des entrada. Yo no lo hice y furioso se marchó.

> *He visto asimismo que todo trabajo y toda excelencia de obras despierta la envidia del hombre contra su prójimo. También esto es vanidad y aflicción de espíritu. (Eclesiastés 4:4 RVR1960)*

Mi bienestar era primordial; sin embargo, al tener un contacto tan cercano con las drogas y al ver el extremo de su adicción, me llevó a pedirle que me permitiera observarlo mientras se inyectaba, a lo que rotundamente siempre se negó. Llevaba consigo una pequeña cajita y su contenido era todo un misterio. En ella había material para utilizar sus drogas. Mi espíritu de sacrificio hacía que diariamente yo lo observara mientras pedía para completar el dinero de su dosis. Yuyo se incomodaba y me imploraba que mientras lo esperara me trasladara a otro estacionamiento, donde no alcanzara a verlo. Al llegar a mí, siempre traía consigo comida para ambos.

En el transcurso descubrí que el ser humano por socializar siempre buscaba qué inventar. La gente comenzó a rumorar que yo lo transportaba muy temprano al centro comercial para extorsionarlo, y a la tarde retornaría a recoger todo el dinero que había recaudado. Prontamente ese rumor pasó a la historia, entonces se decía que él pasaba allí largas horas porque ahora pedía para dos ya que, según algunas personas, yo también era usuaria de drogas.

Las murmuraciones eran la orden del día, a lo que reaccionaba indiferente, pues nada de eso era verdad. Solo era cuestión de acostumbrarse a la difamación. Algunas personas nos despreciaban, pero al recordar que antes de que nos despreciaran a nosotros, despreciaron a Cristo, nos tranquilizaba, porque no éramos del mundo; éramos de los que Dios escogió en medio del mundo.

Así transcurrían los días. Era toda una rutina. Se comentaba que tenía HIV. Esto me incomodaba tanto que le sugerí que se hiciera la prueba del SIDA, a lo que respondió que sí. Gracias a Dios el resultado fue negativo.

Días después de haber recogido los resultados me comentó sobre la metadona (compuesto químico sintético que se utiliza en el tratamiento a la adicción a la heroína). Este tratamiento lo ofrecía una entidad sin fines de lucro. Él le agradecía a Dios por haberlo librado de cualquier enfermedad en tanto tiempo, y esta era una oportunidad más en su vida. Yo no estaba muy convencida con el programa, pero aun así lo apoyé e investigué cuáles eran los pasos para seguir. Tenía que realizarse unos exámenes.

Rumbo al hospital, justo antes de bajarse del auto, recuerdo que me robó mi primer beso. Su cara de preocupación era aterradora, pues temía algún reclamo de mi parte, mas no fue así. De todos modos, se disculpó. Su primer intento de recuperación estaba a punto de efectuarse. No lo vi difícil, pero al terminar el día siempre era una historia incompleta, solo ansiaba que pudiese al fin mostrar sus alas.

Días después, esperando en el centro de

tratamiento por el psicólogo para que recopilara los datos personales, necesarios para hacer un breve historial médico sobre su persona, se quedó perplejo mirándome fijamente a los ojos. No podía creer que estuviera forjando todo eso por él, y lo único que alcanzó a pronunciarme fue:

—¡Te amo! —Mientras le acariciaba su rostro.

Al comienzo la metadona le produjo mucho sueño, así que lo llevé al mar para que lograra descansar, pues no tenía casa. Estuvimos varias horas allí. Mientras él dormía yo lo contemplaba. Al caer la tarde tuve que regresarlo a las calles, no tenía más remedio. Al día siguiente, muy temprano al amanecer, fui a recogerlo nuevamente para llevarlo a tomar la metadona. Recuerdo que se encontraba durmiendo envuelto entre cartones en el servi-carro de un restaurante de comida rápida.

Me senté a su lado a despertarlo. Era hora de irnos. Muchas personas me observaban desde lo lejos. Al levantarse lavaba sus dientes en una pluma que se encontraba dentro de los portones del basurero de dicho restaurante. Aún recuerdo que siempre cargaba con él un pequeño bulto que le preparaba con objetos de aseo personal, pues a pesar de su condición, trataba de estar continuamente limpio.

Fuimos a recoger la metadona, igual al día siguiente, pero fue hasta la noche que me confesó haber recaído en las drogas nuevamente. Su llanto era inconsolable, devastador, daba golpes contra el suelo preguntándose por qué a él. Más allá de todo me suplicaba que le perdonara, pues era algo mucho más fuerte que él. No cesaba de repetir —¡me voy a levantar! —Y un abrazo mío lleno de fe bastaba para calmarlo. Aunque él no tenía fe se aferraba a la mía. Probablemente muchos pensarán que fui una ingenua, ya que probablemente él jamás en la vida saldría de donde estaba. Sin embargo, ser feliz tenía un precio y era intentarlo de nuevo.

¿Alguna vez caminaste o supiste sentir lo que era caminar con los zapatos de otro? Pues yo me lo preguntaba constantemente. Una vez, muy curiosamente ansiosa por saber cómo se sentía en una de sus tantas etapas, me acosté junto a él, cerca de un charco de agua sucia que corría a su alrededor. Observé y pude sentir lo fría y vacía que era su vida. La cobija más cálida que lo arropaba era un pedazo de cartón muy pequeño, bajo un techo de cielo lleno de una inestabilidad constante. ¿Lloverá o no lloverá?

Fue en ese momento en que entendí que la vida es algo más. Gracias a la vista pude ver una parte del mundo que nos rodea. Por eso y por muchas otras razones, no podía alejarme de él. Mis ojos me permitieron descubrir junto a él un mundo fantástico y drástico a la vez, de infinidad de formas vivientes y de cómo vivir.

> *Pero acerca del amor fraternal no tenéis necesidad de que os escriba, porque vosotros mismos habéis aprendido de Dios que os améis unos a otros… (1 Tesalonicenses 4:9 RVR1960)*

Celimar Feliciano

5

Intento de recuperación

El deseo de curación debe ser algo anticrítico, nadie es quien para juzgar ante tan desesperante anhelo. Por esa razón, a pesar de que él seguía hundido en ese infierno, no me aparté. Me había compenetrado tanto a él que no estaba dispuesta a renunciar con facilidad, pues cuando todo brilla es muy fácil decir que no vamos a fallar. Él sabía cómo conquistarle a cualquiera el alma, y aunque todo lo intentara, nada funcionara y se agotaran sus fuerzas; yo seguiría extendiéndole mi mano invitándolo a seguir.

Quizás ninguno entendería que yo anhelara estar junto a él, siendo un adicto; sin embargo, reconozco que con palabras no se los puedo explicar. Por otro lado, poseer belleza, buena figura, dinero y ser popular no vale nada si se tiene el alma hueca y se carece de sensibilidad. Aunque nadie lo tomaba en cuenta, estaba dispuesta a acercarme y mostrarle mi comprensión, ya que entendía que su problema era uno mayor a su voluntad.

En una ocasión me llamó sintiéndose muy enfermo, no lograba levantarse ¡Necesitaba de mí! No tenía con qué ayudarlo ni cómo ir a socorrerlo. Mi desesperación me llevó a acudir a alguien en quien confiaba, y que optaría por acarrearme hasta él. Alguien que elegía enfrentarse a la realidad y tenía capacidad de escuchar por dura que esta pudiera ser: mi papá. Él me llevó a recogerlo y logró presenciar lo desvalido que se encontraba.

De mi parte no existían presiones ni lo juzgaba por su condición. Decidí esperar pacientemente que él tomara sus propias decisiones. La comprensión, tolerancia, bondad y sacrificio definían muy bien el contexto de mi amor. Sabía que almas como la de él, que apenas son tocadas en su infancia, son más propensas a padecer de enfermedades mentales y depresiones que en ocasiones suelen llevar a enfermedades muy comunes como la drogadicción. No sería yo quien intentaría frustrar sus deseos de superación.

Aún me quedaban fuerzas. Meses más tarde me expresó su deseo de ingresar a un hogar de rehabilitación y procedí a complacerlo. La complicación era que en la mayoría de los hogares de rehabilitación no permitían el ingreso de personas que estuvieran bajo el programa de metadona, lo que hizo más tardío el proceso.

Mi familia me propuso que ingresara a Yuyo en un hogar de rehabilitación y me apartara de él, pensando que era lo mejor para mí. Sin embargo, no pensaba igual que ellos, ya que entendía que debía mantenerme apoyándolo en todo momento. Como consecuencia se me limitó el uso del automóvil a trámites del hogar.

Por mucho tiempo tuve que callar y negar que estaba enamorada de Yuyo. Lloraba a escondidas, silenciosamente por cada rincón de mi hogar, intentando callar el gran amor que por él sentía. Vivía atormentada, andaba a escondidas cargando una historia atrapada en mi interior. No quería revelarle a mi familia mis sentimientos estando él en las condiciones que se encontraba. De ninguna manera atentaría contra la tranquilidad emocional de ningún miembro de mi familia.

Enmudecí con silencio, me callé aun respecto de lo bueno; y se agravó mi dolor. (Salmos 39:2 RVR1960)

Luego de varios días, mi amigo decidió dejar la metadona y emprendió su tratamiento en un hogar de rehabilitación cristiano. Pasaría por un proceso de desintoxicación restringido a las visitas por un período de siete días. Así que dentro de su equipaje le dejé como sorpresa 35 huevos de pascua, todos enumerados, y cada uno de ellos traía consigo un mensaje que al final formarían una carta llena de motivación. Fue un método de distracción al que recurrí y a la vez era divertido para él.

A los dos días un encargado del hogar me notificó que se encontraba bien. Al tercer día me movilicé hasta el hogar para dialogar personalmente con el encargado, y mientras conversaba desde lo lejos lo vi, y con señas me expresaba «¡te amo y todo lo hago por ti!». Sin embargo, me afligía grandemente el hecho de que él se amaba escasamente y a mí desmedidamente. ¿Cómo puede resultar eso posible? ¿Cómo poder amar a tu prójimo si no te amas a ti mismo? Pensaba que la falta de autoestima tenía mucho que ver. En esa batalla la autoestima era un requisito indispensable, ya que es la valoración positiva de uno mismo.

Dos días más tarde recibí una llamada de Yuyo indicándome que lo fuera a recoger porque se quería ir. Al momento no concebía ninguna razón, me negaba a creer que la posibilidad de que se libertara de tan grande mal se esfumara en tan solo cinco días. Inmediatamente me dirigí hacia el hogar de rehabilitación. Al llegar me topé con él en plena calle, ni lo saludé, solo le cuestionaba el porqué quería irse, ya que se veía bastante bien.

Yuyo me respondió que se encontraba limpio y que no volvería a lo mismo. Una sonrisa de sarcasmo y desesperación invadió mi rostro, pensando que él intentaba engañarme a mí engañándose a él mismo. Por esa razón era importante tener una buena autoestima. Yo ansiaba que él prometiera menos y construyera más. Tan pronto llegamos a Bayamón, me pidió que lo dejara en el residencial donde residía su hermana, para comprar drogas.

Fue tanto mi enojo, que le advertí que de no ingresar a un hogar de rehabilitación nuevamente, no existirían posibilidades entre nosotros. Así que accedió, pero él no creía en los intentos, pues veía a los demonios mucho más grandes que él. Yuyo no sabía que podían levantarse grandes demonios contra él y que, si confiaba en Dios, Dios no lo iba a desamparar. Aun así, lo intentó, pero fue más grande su temor que no dio lo que el Señor le exigió. Los resultados fueron los mismos.

La salvación, como regalo de Dios, hay que cuidarla, así que su amor o el yo amarlo, no implicaría la autodestrucción de mi propia esencia permaneciendo junto a él. Yo amaba de forma muy realista, y si hay algo que es sumamente real es que el sentimiento no basta para tener una vida feliz. Yo era muy singular, muy individual y no podía, ni debía imitar el estilo de vida de él. ¡Naufragaría!

Fui muy clara con él, ya que me considero una persona objetiva y muy recta en mis cosas, no despego mis pies sobre la tierra hasta no pisar sobre seguro. Le dije que podía quererlo y amarlo, pero que de ninguna manera estaría con él mientras fuera un adicto a las drogas. Le indiqué que mientras él hiciera mal uso de su cuerpo, únicamente sería su inseparable amiga. Esto aumentó aún más la lucha entre el bien y el mal, pues él no renunciaría a mí tan fácilmente.

¿Sería yo o sería él quien perdería en este intento de amor? El amor es un sentimiento intenso que no tiene concordancia con la razón. Quizás un poco análogo. Se supone que el amor y la razón se relacionen, ya que en ocasiones se asemejan, pero es inútil ocultarlo, muchas veces son completamente opuestos; viven enfrentados. El amor siempre busca el encuentro y la unión con otro ser. El amor es como una obra en la que te deleitas por voluntad e incluso sin esperar reciprocidad. No espera recompensas ni hace intercambios, lo hace de corazón.

El amor es sufrido, es benigno; el amor no

tiene envidia, el amor no es jactancioso, no se envanece... (1 Corintios 13:4 RVR1960)

El amor es insuficiente para vivir solo, pero es humilde y lo reconoce. En cambio, la razón es muy recta y orgullosa, estudiosa y de muy buena memoria. Solo se ama a ella misma. La razón hace que nos comportemos por el qué dirán o pensará la sociedad. No hay quién le discuta. Raramente puedes confundirla si sabes cómo responderle, aunque no se convence fácilmente. Ella te obliga a obrar razonablemente, sin argumentos. Si altercas con ella y te opones a lo que te dice, puedes quedar embarcado por una pasión violenta, pero quizás puedas librarla y burlarla si un amor sublime te llama por un motivo.

El conocimiento envanece, pero el amor edifica. (1 Corintios 81:1b NBLA)

¿Cómo no jugarte el futuro si te juegas el presente? ¿Cómo jugarte el presente sin que afecte tu futuro? ¿Escoges al amor o le sonríes al perfil de un futuro incierto que se asoma, mientras el amor se escurre? Tremenda encrucijada, ¿no? Las encrucijadas sentimentales emocionales solo existen cuando el amor y la razón se mezclan. Son dos caminos que se cruzan y no se sabe cuál seguir. ¡Eso me ocurrió a mí!

Pues les diré que elegí apartarme un poco de él,

dejándome guiar por la razón, convirtiéndome en un ángel de paso. Solo lo frecuentaba una vez por semana, pues el dolor de verlo tan decaído me destrozaba el alma. Las consecuencias de mi lejanía fueron fatales para ambos. Nos sentíamos perdidos, sin compañía, desolados en medio de la nada. La gente que lo quería comenzó a llamarme expresándome sus inquietudes al notarlo tan decaído. Él sobrevivía en una realidad de la que no sabía escapar. Se encontraba en su soledad pensando qué iba a ser de él. Sufrir era parte de su vida sin complejos de inferioridad. No se cansaba de esperar pensando en que algún día Dios lo iba a poder ayudar.

Al corto tiempo comencé a estudiar en un instituto de belleza en horario nocturno, pero antes de llegar, solía pasar por donde Yuyo para expresarle que lo amaba, eso no estaba en negociación. En ocasiones me citaba en el centro comercial, sorprendiéndome con algo de comer.

Tenía como costumbre recostarse sobre mi falda mientras acariciaba su cabello y sin perder de vista mis ojos decía:

—Gracias a ti soy feliz, me has enseñado a cultivar en mí un sentimiento que desconocía: amarme. Distingo transparencia en tu mirada, no eres hipócrita, y sin importar quién fuera yo te interesaste en mí. No hiciste caso de la gente y aunque fuera escandaloso me amaste más.

Al amarlo sin límites no me afectaba que me hirieran o me degradaran, constantemente le repetía que nada era más vergonzoso que no saber amar. En aquel momento me prometió que solo por mí, y por ser su más fiel amiga, iba a dedicarse a cultivar en mis labios todos los días una sonrisa.

Él no sabía de enojos ni rencores, vivía de emociones. Su mejor complemento era ser tan encarecidamente detallista. Con él descubrí el arte de dar en vez de recibir. Incluso aprendí que la vanidad y las riquezas no son sinónimos de felicidad. Detener el tiempo en un abrazo era nuestro mejor privilegio. Eternamente me recibía con un concierto de sonrisas, a lo que yo me preguntaba diariamente: «¿Cómo una persona que no sabía de afectos, que estuvo falto del roce reconfortante de las caricias de una madre y del apoyo expresado a través del tacto constante de familia y amigos, puede llevar una sonrisa colgada en sus labios solo para mí?». Sin embargo, nosotros que lo hemos tenido todo, en ocasiones nos cuesta tanto sonreír. Era algo inexplicable.

Celimar Feliciano

6

Momentos de agonía

Una tarde antes de llegar al instituto, me detuve en la farmacia y lo encontré sentado en el suelo con cara de pocos amigos, pues no había tenido un buen día completando el dinero de su dosis. Bajé el cristal, le sonreí y le dije que lo amaba. No me respondió y solo con mímicas me dijo que me fuera. Subí el cristal y seguí mi camino. Esa fue la gota que derramó su copa, pues muy bien sabía que estaba dejando ir a lo que por tantos años le pidió a Dios que le concediera: «una buena mujer».

Luego de varios días pasé nuevamente a buscarlo, pero no lo encontré; así fueron pasando los días. Prontamente una señora a la que él visitaba periódicamente y llamaba madre, me notificó su preocupación pues Yuyo no había transitado por allí desde hacía dos semanas. Estaba desaparecido. ¡Qué agonía! Comencé mi búsqueda. Una noche, junto a un guardia de seguridad del centro comercial, me movilicé a buscarlo con la ayuda de linternas en los recovecos donde él acostumbraba a estar. Pensé que lo hallaría muerto.

Llamé a las cárceles, hogares y programas de rehabilitación; pero no aparecía. Mi intranquilidad incrementaba cada día más. No alcanzaba a concentrarme en mis estudios. Solo me restaba dar una vuelta por el Instituto de Ciencias Forenses. Me acompañó una amiga y compañera de clases.

Al llegar, mi amiga se sentó en la sala de espera mientras yo me acercaba al mostrador. Le dije a la empleada:

—Sé que ustedes no pueden proporcionar información de personas fallecidas si no es un familiar, pero este individuo a quien busco no posee familia. Es huérfano, deambulante, adicto y marginado por la sociedad.

La empleada me respondió:

—¡Adelante, pasa!

Me llevaron a una habitación donde observaría un sinnúmero de fotografías de personas fallecidas o brutalmente asesinadas. Gracias a Dios él no estaba allí. Inmediatamente regresamos a la institución. Ya no podía hacer más que esperar. Anduve buscándolo por tanto tiempo, en tantos ojos, que me sentía que ya no daba para más. Ahora era mi cuerpo el que vagabundeaba por la vida sin alegría. Solo el dormir me tranquilizaba. Me sentía como un pez que se asfixiaba en la orilla del mar.

Luego de dos meses recibí una llamada de la trabajadora social de mi gran amigo Yuyo. ¡Estaba preso! Su voz era diferente, pero mi alegría de saber que estaba con vida era mayor. Se encontraba recluido en una institución penal. Como su único recurso, la trabajadora social me anotó en el expediente de visita para poder ir a visitarlo. Se me informó que la primera visita sería sin contacto, a través de un cristal. ¡Qué importa! Pero en la noche, antes de acostarme, le agradecí a Dios por habérmelo devuelto. Le expresé mi deseo de tocarlo para confirmar que era él, no me bastaba con mirarlo.

Temprano al amanecer me encontraba rumbo a la institución penal, acompañada de una íntima amiga. Ella era la que me llevaba a escondidas a verlo cuando me prohibieron usar el auto. La hora no importaba para ella, fuese de día, noche o madrugada; inseparablemente siempre estuvo ahí. Ella era tan firme y constante con sus amigos, como los tantos tacones altos que a diario usaba. Siempre decía:

—Mis tacas, aunque me duelan los piecitos…

genio y figura hasta la sepultura.

Así que no habría conseguido llamar a nadie mejor que mi amiga Ana. Mi entrañable y verdadera amiga a quien conocí a través de Yuyo.

Al llegar, Ana me dijo que me fuera tranquila mientras ella me esperaba. Me dirigí de inmediato a uno de los oficiales del penal, quien tomó el registro e información del confinado y me alistó. Al poco tiempo me registraron y me adentré al salón de visita, donde lo esperé. Las vitrinas exponían a la vista de los familiares a cada uno de los confinados que bajaban a la visita. Yo miraba y miraba y ninguno era él, hasta que lo reconocí.

Al verlo, mi cara de asombro era impresionante, estaba diferente: sano, limpio y con algunas libras de más. Dios sabía que mi deseo de abrazarlo era tanto, que lo pedí con tanta fe, que cuando Yuyo le entregó la boleta al guardia, este se confundió y lo pasó por el área de contacto. Inmediatamente nos abrazamos vigorosamente, deteniendo el tiempo en ese abrazo, y al oído me susurró:

—El hombre al que conociste el 6 de octubre de 2008, murió y se despojó de la esclavitud.

Al momento de sentarnos el guardia se da cuenta

de que era visita por no contacto, así que lo trasladó al área correspondiente. Era tanta mi alegría que no cesaba de darle gracias a Dios. Conversamos y me confesó que aquella tarde en que no me respondió el saludo, fue tanto su dolor que, en su desesperante intento de huir de ese demonio que lo arrastraba cada día más a las drogas, decidió arremeter contra el cristal de una gasolinera y sentarse a esperar a que la policía apareciera para arrestarlo. Se encarceló con el firme propósito de dar lo mejor de él. No fue la manera correcta pero así lo hizo.

Escuchándolo, logré darme cuenta de que fue aquello que había en su interior, y la voluntad de dar tanto de él, lo que hizo que lo amara más. En esa conversación me enteré que no había dado con su paradero porque se había registrado bajo un apellido falso. Luego de una semana recibí una carta en la que me indicaba que había solicitado copia de sus papeles médicos para demostrarme que estaba limpio. Quería comenzar de nuevo estando sano y como un varón completo de Dios, ya que todo se lo debía a Él.

Me escribió...

«Te pido perdón por todas las faltas que he cometido y darte gracias por estar conmigo en la tormenta de tristeza, soledad, desespero y enfermedad. Sí, porque yo no me consideraba un adicto a las drogas, sino un ser enfermo. Tú sí que eres un ángel que me sacó del lodo. Quiero llorar contigo en tus momentos malos y quiero reír contigo en tus mejores momentos».

Esas fueron sus palabras. Había que prepararse porque la transformación de un nuevo ser estaba en marcha.

Asistí puntualmente a cada una de las vistas en los tribunales. Aun recuerdo verlo esposado de manos y pies frente a mí. Mientras la jueza dictaba veredicto, ambos rogábamos al Altísimo que se le permitiera hacer su condena en un hogar de rehabilitación, mas no fue así. Fue sentenciado a un año y medio de cárcel. Yo era su fortaleza en esos instantes, no podía derrumbarme frente a él, ni aún ante el firme sonido del martillo de la jueza.

Concluido el juicio, los buzones de correo postal pasaron a formar parte vital en nuestras vidas para mantener la comunicación. De esta manera, inmediatamente en una hoja escrita, le subrayé: «Que no se inquiete tu alma por el tiempo que tengas que estar ahí, seré tu sombra, esa que te calma y te da tranquilidad».

Él agradecía a todas aquellas personas que lo

conocían y se compadecían de él como si fueran familia. Aquellos que lloraban o se entristecían al no saber de su existencia. Él era motivación para hacer reír a mucha gente, poseía mucho tacto al hablar, lo que le permitía que su amor llegara de una persona a otra.

Según él me contaba, soñar era su manera de alimentar y purificar su alma. Cerraba sus ojos y pensaba en nuestro futuro y le calmaba su ansiedad, pero al abrirlos solo veía barrotes y celdas. Juntos soñábamos con nuestra propia familia, algo en lo que nunca había pensado.

Una vez sentenciado, lo trasladaron a la Institución Correccional de Bayamón. Mi preocupación era un desasosiego mental latente, producido por aquellos pensamientos acerca de algo que podía ocurrir en el futuro, que estaban fundados en mi experiencia pasada y alimentados por el temor. La preocupación y la ansiedad de que pudiera recaer eran constantes por miedo a concebir una infelicidad profunda.

En esa cárcel él sería presa fácil de su propia enfermedad, recayendo en el vicio que por tantos años lo consumió. Inevitablemente sería un camino inmensamente pedregoso para él, pues es inútil ocultar que en las cárceles hay más sustancias ilegales que en las calles, pues inescrupulosamente el ser humano trabaja para quien le paga más. Esa es nuestra triste realidad.

En aquel lugar andaba rondando nuestro tercer oponente: la droga, quien con todas sus sustancias, intentaría ahogar toda vida humana y ambicionaría frustrar una y otra vez cualquier intento de superación. La sustancia es fuertemente adictiva, entumece los nervios, anula los sentidos y cualquier mal pensamiento, angustia, tristeza o dolor; haciendo que imaginariamente las agonías sean más cortas y menos dolorosas. La sustancia crea una drogodependencia, que su uso habitual hace que el drogadicto no se pueda salir de ella.

La droga te pasea y luego te despide de este mundo de muy mala manera. No era fácil estar tranquila, pero el amor no podía sobrevivir donde residía el miedo, y el miedo no sobreviviría donde hubiera amor. Así que decidí componer mi semblante y no afanarme por el mañana. Cada domingo asistía puntualmente a la visita, era en esos días en que alcanzaba a observar que su apariencia se renovaba aún más.

7

Los días en prisión

Todos los días Yuyo se encomendaba a Dios para que velara por él, libertándolo de tan grande enfermedad. Día por día él trataba de reducir su ansiedad orando y escuchando a personas que solo aspiraban su bienestar. Celebraba cada una de sus victorias y eso le daba fuerzas para continuar luchando. Al todo marchar divinamente bien y al verlo tan renovado, decidí ofrecerle un techo seguro donde pudiéramos vivir al momento de su excarcelación. El no tener un techo, no sería motivo ni excusa de una posible recaída pues yo se lo ofrecería.

Estaba consciente que para tener convivencia con él se requería de aceptación para renunciar a ciertas cosas. No nos podíamos exceder de ciertos límites razonables, porque el hacer un pacto de convivencia junto a él sería el mayor riesgo de mi vida. Por esta razón tenía que estar completamente segura del paso que me encomendaba a realizar, pues de lo contrario quizás fomentaría mi propia destrucción. Yo debía convivir bajo ese techo, con el deber razonable y pasarle por encima al deber irracional.

Yuyo tendría que acoplarse a ciertas exigencias de mi parte. El auto respeto ocuparía el papel principal, sin perder nuestra propia identidad. El amarlo no implicaría negociar mis principios. Deberíamos formar una relación sobre cimientos, edificando nuestras vidas, de lo contrario todo se vendría abajo.

Yuyo temblaba ante la indiferencia, cuando pensaba en el momento de introducirse a mi familia, pues no quería sentirse diferente ni rechazado por el que había sido su pasado. Por mi parte, tenía temor de que mi madre, lo mejor de cada uno de mis días, no pudiese entenderme. Esto hacía que el miedo, que no es proveniente de Dios, se apoderara de mí.

Me describí ante mi madre al igual que con ustedes. No me interesaba si alguno podía entenderme, me importaba ella, sus consejos, su opinión y su abrazo en mis tiempos tristes y de felicidad. Al concluir le expresé mis sentimientos y le notifiqué los planes que tenía en mente.

Proseguí con los planes y solicité un apartamento. Yuyo cumpliría sus treinta años el 16 de agosto de 2009, fecha que caería domingo, día de visita. Una mañana al despertar muy cerca de la fecha mencionada, fui golpeada fuertemente por un repugnante trastorno: «la ausencia de la risa», probablemente producido por la desesperación de no tener nada que obsequiarle el día de su cumpleaños.

Me sentía como si estuviese podrida, nada conseguía hacerme sonreír. Trajinaba por la casa de un lado a otro de muy mal humor; y en una breve conversación con una amiga le comenté que en ese día no habría nada que lograra hacerme sonreír. De repente, justo en frente de mi casa, logré ver un sobre tirado en el mismo medio de la carretera. Me acerqué, lo recogí. Estaba dirigido hacia mi persona. No lograba entender de qué se trataba, así que sin dudarlo lo abrí. Que carcajada la de entonces, era la aprobación del apartamento en menos de dos meses, y yo pensando que sería imposible sonreír. ¡Incrédula!

¡Qué mejor sorpresa para Yuyo que la noticia de saber que ya tenía dónde vivir! Su cara de alegría era incalculable. Días después ambos coincidimos en que antes de llevar una vida de pareja, lo correcto sería casarnos uniéndonos en matrimonio bajo la bendición de Dios.

Sin embargo, con el tiempo comencé a tener sospechas de que algo no marchaba del todo bien. Empecé a darme cuenta de muchas cosas. Me dediqué a prestar más atención a cada uno de sus gestos, a la exaltación en su voz al hablar y a los posibles síntomas que se presentan a causa de las drogas.

Yo me aferraba a ser feliz con él, porque siempre había algún intento de sacrificio; sin embargo, las señales de que algo estaban mal eran evidentes. La mayor parte de mí anhelaba estar junto él, pero otra me alertaba sobre los peligros. Las pesadillas dominaban mis noches, así que constantemente me sintonizaba a mí misma para poder empezar a despertar ante una triste realidad. Yo era muy realista frente al futuro y debía prepararme para cualquier eventualidad.

El estrés diario se acumulaba en mi cuerpo, generando tensiones. A pesar de saber que yo era su motivación de todos los días al levantarse para seguir batallando con esa enfermedad, eso no bastaba para evitar una posible recaída. Fue entonces cuando sentí que Dios me decía que estuviera tranquila.

Así que, no los temáis; porque nada hay encubierto, que no haya de ser manifestado; ni oculto, que no haya de saberse. (Mateo 10:26 RVR1960)

En ocasiones, deseando no saber la verdad, prefería regresar a la tranquilidad de aquella soledad que llevaba. Antes de hundirme con él, pues yo no tenía el poder de desenamorarme por voluntad, pensaba que quizás podía dejar de magnificar el amor y alejarme de una relación afectiva-destructiva, así fuese con esfuerzo y dolor. No sabía cómo hacerlo, por el amor que nos teníamos el uno al otro.

Todo parecía tranquilo hasta que, en noviembre 8 de 2009, día de visita, con un llanto devastador y muy a su pesar, me confesó la verdad: su adicción lo había vencido una vez más. ¿Se imaginan cómo me sentí? Se esfumó mi sueño, abriendo una vez más la misma herida. Fue como retornar al principio. Su arrepentimiento era notable porque había pureza en su mirada.

El dolor de haber derrumbado en un minuto ese castillo que con tanto esfuerzo construyó en seis meses, era catastrófico para él, pues se notaba que en su interior realmente deseaba ser sanado y quién mejor que Dios para saberlo. Su baja autoestima era evidente, sentía no valer nada ante la vida; sin embargo, era capaz de reconocer su error estando al tanto de que luchaba contra una enfermedad. Sabía que tendría que ser fuerte y que en cada recaída debería levantarse para dominar, antes que ella lo dominara a él.

Comprenderán que después de una confesión de tal magnitud, no podía regresar ni siquiera a contemplar la idea de estar junto a él. Sería un regreso sin gloria. Desahogándose me expresó que yo no era merecedora de sus mentiras, y aunque sabía que con esta revelación derrocharía toda posibilidad de estar conmigo como pareja, escogía ser honesto de una buena vez, antes que le faltara mi amistad.

Previamente a esta confesión, constantemente al frecuentar el establecimiento en que lo conocí, me inmovilizaba sin acción premeditada, al contemplar aquella columna de tonalidad rosada en la cual yacía recostado aquel noviembre de 2006. Era como si su triste recuerdo habitase atrapado allí y me acechara codiciando mostrarme su imagen. Era algo irreal, inexistente, ilusorio, pero me estremecía.

No lo definiría como un «mal presentimiento» porque se podía olfatear cierto aire de maldad en los alrededores. Era como si otro de los tantos espíritus inmundos que tenazmente nos rodean, estuviese allí anónimamente esperándonos nuevamente. A Yuyo postrado y echado abajo humillándose ante los pies de la gente, y a mí recostada en su costado llorando desconsoladamente por una liberación que nunca ocurrió. Yo lo describiría como sarcasmo.

El sarcasmo es la burla más cruel y despiadada de una persona o entidad que, con palabras o malos pensamientos, procura poner en ridículo o en duda a otro individuo. La burla frustra, desvanece la esperanza y el deseo.

El ser deshonesto, y tal sensación malintencionada, provocó en mí cierta suspicacia. Aunque entendía que su deshonestidad se fundaba en su miedo a perderme, no podía brindarle una oportunidad más. ¡Esta vez no! Porque no se puede eximir de toda culpa, porque ciertamente uno hace lo que quiere y permite a quien o a qué se le da entrada en nuestras vidas. Sabía que él no creció como un árbol de roble que crece y se hace fuerte. Creció con ciertas desventajas; sin embargo, no podía seguir en una relación afectiva-destructiva con pocas probabilidades de mejoría, porque posiblemente la esperanza podría mantenerme allí eternamente por el solo hecho de amarlo.

A veces el amor o la esperanza te ciegan. Era necesario ver cuán angustiosa era la espera de un cambio que no llegaba. La esperanza es la creencia de un futuro prometedor; sin embargo, en ocasiones como esta, muy poca realista. No podía mantener la esperanza en una supuesta liberación, ya que podría impedirse mi autorrealización. Tenía que tratar de salvaguardarme para producir el menor daño posible. Todo fue claro y evidente desde el comienzo, no obstante era perfecto en nuestras mentes.

8

Entre la carne y el espíritu

Fue entonces cuando descubrimos que vivíamos de una ilusión, él era el ilusionista y yo la realista, aunque a veces me contagiaba. Así que, por el bienestar de ambos, llegamos a un mutuo acuerdo: amor por amistad. Él era solidario conmigo, ser egoísta no era uno de sus defectos. Velaba por mis intereses, aunque él no se beneficiara de los mismos, y siempre hacía un esfuerzo para comprenderlos.

Romper con alguien a quien amas no es fácil, porque el principio del placer es impositivo y persistente. Vivía atrapada en un laberinto en el que mientras más me adentraba, más me confundía y me acercaba a él. Cuanto más intentaba salir, más difícil era dar con la salida. Su amor llegó a mi vida impetuosamente como una estampida, no era fácil superar la pérdida y resignarme a que el duelo finalizara.

El cuidarlo y ayudarlo se había convertido en una adicción para mí. Ya no me importaba seguir entrando en el terreno peligroso de la codependencia. No podía alejarme de él porque era parte de lo que me hacía única e inmensamente feliz. Había permitido que su comportamiento me afectara y estaba obsesionándome por controlar su conducta.

Por momentos me sentía como una madre sobreprotectora, sintiéndome culpable por cualquier situación que él enfrentase. Su rostro de chiquillo desvalido hacía que yo me empequeñeciera; sin embargo, reaccionaba de inmediato pues debía estar alerta porque una de las habilidades que adoptó para sobrevivir en las calles, fue la manipulación a través de un chantaje emocional. Esta conducta ya estaba en su subconsciente, involuntariamente ya era parte de él.

En ocasiones, tratando de definir qué era exactamente lo que quería hacer en mi vida, y pretendiendo acoplarme a ser su amiga, no sabía si aceptar el sacrificio por el sacrificio. Me explico, no sabía si hacer lo que se me antojaba hacer sin perjudicarme. Pero al pensar en los daños que yo misma con una elección errónea me podía ocasionar, hacía que mi mente adoptara una actitud responsable regresando a la realidad, a mi realidad. La realidad era dolorosa, pero me ayudaba a ubicarme. Quizás su adicción me dañaba, pero él era el único que hacía irradiar mi rostro.

La incertidumbre de no saber qué hacer siempre fluctuaba en mi interior. A veces pensaba en vivir la vida con él, sin importarme nada, solo ser «feliz». ¿Y si algún día me encuentro en una cama a orillas de la muerte, pero al menos me llevo el dulce recuerdo de haber sido feliz con el hombre que amaba? Este pensamiento tan resonante como un eco, era día por día un atentado a mi salud mental.

Era la única que podía saber si el renunciar a mi bienestar por estar con un amor sensible, compasivo, tierno, honesto, alegre, tan respetuoso como arrebatador y digno de mi amor, justificaría o no tal entrega. Yo me condenaba a poner al amor en su sitio, él no podía dominarme a mí; pero yo no era un héroe, de haber podido dominarlo hubiera podido dominar el universo. ¿No creen? Dar tiempo al tiempo duele, pero el más infame de los sufrimientos es no saber qué decisión tomar.

Constantemente me obligaba a pensar como el gran pensador René Descartes, recordando su frase más recordada: «Pienso, luego existo», quien decía que de lo único que no podíamos dudar era de nuestros pensamientos. No obstante, también estaba en total acuerdo con un escritor llamado Bertrand Russell quien defendía el papel de las emociones y los sentimientos en cuestiones éticas. ¡Qué contradicción!

Aún con pleno uso de mis facultades, no sabía si entregarme a él en cuerpo, que es aquel que percibe los sentidos; en alma, que es aquello que te da viveza, aliento y la fuerza que te inspira para hacer lo que deseas; en vida, que es la que disfruta con descanso y comodidad haciendo travesuras, pero que incluye vivir con trabajo y contratiempos llevando la vida jugada, sacrificándose voluntariamente por un ser amado; o con el corazón, que es el que indica un estado de angustia o depresión y del que todo se lastima y se compadece.

No sabía si quedarme con él, aunque se viera como una de las formas más tristes y autodestructivas de amar. Era posible que de yo elegir el camino correcto tuviese una calidad de vida excelente, pero sin amor. ¿Cómo saber si existiría tal calidad de vida cuando se lleva el corazón herido y vacío? Mi corazón se secaría, como una rama muerta. Entonces me preguntaba si valdría la pena tanto amor propio.

Cada día de mi vida le suplicaba a Dios que me proveyera sabiduría, que es el conocimiento profundo que nos da grandes alcances para hacer lo conveniente; entendimiento, que es la «potencia del alma, en virtud de la cual concibe las cosas, las compara, las juzga y deduce de lo que ya conoce» (*Diccionario de la lengua*, Real Academia Española); y la inteligencia, que es conocer y comprender para poder tomar la decisión correcta. Esa era mi plegaria de cada uno de mis días.

En esos momentos el conocido escritor Paulo Coelho trajo a mi vida un pensamiento escrito en uno de sus tantos libros exitosos, *El peregrino de Compostela*, donde decía que la única manera de saber cuál es la decisión correcta es conocer cuál es la decisión equivocada; es examinar el otro camino, sin miedo y sin morbosidad. Después, solo se trata de tomar la decisión.

¡Eso había hecho! Tratando de encontrar la decisión correcta, me acerque a él relacionándome con todo su historial y a lo más reciente, sin miedos, sin esa perturbación angustiosa por los riesgos o cualquier daño real; y sin morbosidad, porque él no me provocaba nada desagradable. Solo faltaba un mes para su excarcelación. Comprenderán cuán martirizante era la espera de la culminación de su sentencia en todo mi sistema neurológico. Comencé a padecer de los nervios. Restaba cada domingo en el calendario.

Incesantemente me aferraba a mi espíritu, ese

don sobrenatural y gracia particular que Dios nos da para discernir entre lo que está bien y lo que está mal; que se desprende de los bienes y de lo mundano para poder vencer. Por otro lado, la carne, esa parte corporal del ser humano considerada como oponente al espíritu, me corrompía invitándome al placer carnal. ¡No podía apagar mi espíritu! Él era mi debilidad y mi amor por él lo que me hacía fuerte.

Debo admitir que la voluntad y la disposición de verlo como amigo, fue la acción más fraudulenta que intenté adoptar para mi alma y para mí misma, pues solo conseguí perjudicar un tanto más mi estado emocional. Era cada vez más crítica la situación, tanto para mí como para él, ya que ambos sin darnos cuenta andábamos guerreando en contra del amor. ¿Y quién ha podido contra él?

Pedíamos un rayo de luz de gran intensidad que nos guiara hacia una dirección determinada. Un milagro, una intervención divina, algo que fuese inexplicable naturalmente, porque por más que intentábamos ahogar el sentimiento, este prevalecía. Me encontraba presa de mis propios pensamientos, entre lo correcto e incorrecto, entre lo real e irreal, entre el deseo y entre lo que más valor y peso tenía: el amor. Sentía que mi facultad para pensar ya no era suficiente.

Agotada ya de pensar y pensar dije:

—Señor, que sea tu voluntad. Si fui hecha para él y él para mí, permítenos llegar juntos de la mano hasta la edad que tú decidas. De lo contrario seguiré confiando en ti y en la grandeza de tu poder. Sé que obras por senderos misteriosos y que tienes un propósito.

Celimar Feliciano

9

El milagro

Fue entonces cuando milagrosamente logramos dar con el paradero de una de las hermanas de Yuyo. Conseguimos contactarla gracias a una amiga que nos facilitó su número telefónico. Él procedió inmediatamente a comunicarse con ella y al escucharlo se sorprendió muchísimo. No esperaba saber de él, lo imaginaba todavía allí sentado en aquel centro comercial sin ninguna motivación para cambiar. Ella residía en los Estados Unidos e inmediatamente al saber que él estaba esforzándose para vencer su enfermedad, le propuso un viaje a su casa, brindándole un nuevo comienzo de vida con las facilidades principales como techo, ropa y comida; y no solo para él, sino para mí también.

Si aceptaba era un «gol» a su favor, pues del apartamento que había solicitado no había recibido noticia alguna. Además, debía sacarlo de este terreno pantanoso. Así que aceptó. ¡Goool!, entró en la portería. Estaba decidido a ahorcar sus hábitos y a mudar de aires tal como lo hacen las aves. Yo nací para amarlo, aunque partiese a otro país. Sin embargo, un amor sereno y seguro no era ese que me arrebataba en mi juventud. Así que si en un período de tiempo razonable, su recuperación era favorable, me arriesgaría a jugar mi destino dejándolo todo en nombre de la oportunidad, y apartándome de todo lo que me ofreciera un mundo de comodidad.

Pero mientras eso acontecía... restaba los días para su excarcelación. Yo estaba ahí como un espectador esperando con añoranza e impaciencia un gran encuentro eterno entre los dos. Así que este viaje era perfecto para deleitarme con su compañía, y que él volviera a sentir un apetito inmenso de vivir. Quería ver con mis propios ojos si por fin era posible volver a intentarlo una vez más.

Tenía urgencia de ser feliz y de dejar de tragar saliva para aguantarle al llanto la respiración. Yo creía convincentemente en que él podría innovarse e iluminarse, puesto que la lámpara de nuestro cuerpo son los ojos, y al ser claros los suyos, todo su cuerpo aprovecharía la luz para su proceso de recuperación. Los grandes pensadores de la Ilustración estaban seguros de que el poder de la razón humana es absoluto. También pensaban que, si el hombre era capaz de resolver leyes tan difíciles como las del universo, ¿por qué no iban a poder conocer las leyes de la naturaleza y de la sociedad?

Quizás yo no era una gran pensadora, pero sí una fiel creyente que estaba muy segura de que si el hombre, tal como decía Isaac Newton, era capaz de conocer y resolver tales leyes, ¿por qué Dios que es dueño y creador de todo el universo y lo que hay dentro de él, no podría resolver y mejorar las condiciones más difíciles de toda forma o ser viviente en la tierra, para que seamos mejores y logremos el progreso?

Podemos defender el uso del pensamiento para comprender las cosas; sin embargo, no podemos ser tan escépticos y olvidar o negar la existencia de un Ser omnipotente, cuando es por Él que poseemos esa razón natural que nos ayuda a comprender, beneficiándonos con conocimiento. Discúlpenme si los aturdo, pero me considero una mujer más de fe y de sentimientos, que de ideas; y creo firmemente en que, si tú crees que puedes, no debes dar oídos a la duda que proviene de manera involuntaria a nuestros pensamientos, y a las ideologías de los que están a nuestro alrededor.

Este viaje para mis padres fue de gran impresión y enorme temor, y muy bien los entendía; era la primera vez que salía de mi hogar de la mano de un hombre, aunque fuera solo por unos días. Para ellos no era fácil comprender que mi vida era distinta, mi corazón era distinto. Ellos no entendían que todo lo que hacía por él, estaba justificado por mi fe. Que al amarlo y ayudarlo mi alma se regeneraba intentando regenerarlo a él, haciendo que abandonara unas conductas y hábitos reprobables para que llevara una vida normal y físicamente saludable.

Una noche en un templo conocí la existencia de la sanidad en transición. Esta consta de tres etapas sumamente importantes. La primera etapa de transición es cuando Dios te llama aparte de donde estás, para intimar contigo y preguntarte si deseas ser sanado. La segunda etapa en transición es cuando Dios prueba tu fe. La tercera consiste en tu resistencia contra el que fue nuestro siguiente adversario: el desafío. En ese momento comprendí que estábamos en un combate cuerpo a cuerpo contra Satanás y sus demonios.

Teníamos la oposición del mismísimo infierno. Ambos nos enfrentábamos a ellos. Estos no eran solo para Yuyo sino para mí también. Estarían desafiándonos con cosas que requieren fuerza y voluntad, como la drogadicción y el placer carnal, entre otras. Contrariándonos ante nuestros deseos o acciones, intentando impedir o retardar el logro de nuestros deseos. Aspirando a romper nuestra fe y nuestro amor.

Uno de los obstáculos más fuertes que presencié donde sentí caerme, fue al momento de comprar los boletos de partida. La internet era la red de información más cercana y accesible que tenía, pero a su vez una de las más inestables. Las aerolíneas variaban sus precios de un minuto a otro, el costo de las tarifas era excesivo y el día de su excarcelación estaba a menos de siete días y yo con el dinero incompleto. En aquel momento tampoco tenía acceso a tarjetas de crédito, nadie nos ayudaba y comenzaba a derrumbarme. Para poder obtener los boletos de avión, debía presentarme directamente al aeropuerto con el dinero en efectivo, a más tardar ese mismo día en la tarde. No existía otra alternativa.

En ese justo momento mi abuela llegó a casa y me encontró llorando inconsolablemente. Se acercó a mí muy angustiada para preguntarme qué sucedía. Le expliqué y decidió ayudarme. De inmediato conduje hacia el aeropuerto y cuando llegué le entregué todo el dinero que tenía al representante de la aerolínea en el mostrador, sin contarlo. ¿Qué creen? ¿Se acabó mi agonía? ¿Podríamos al fin viajar? ¡No! ¡Faltaban 18 dólares!

Inmediatamente me dirigí al cajero automático a revisar mi balance, tenía la cantidad restante pero no tenía 20 dólares completos, así que el cajero no me permitía retirar el dinero, debía ser en múltiplos de veinte. En esos momentos mis lagrimas fueron mi única expresión física directo al suelo. Sentía desmayarme, mi exterior se desgastaba, el desafió trataba de robarme la fe y la esperanza, mas Dios me renovaba el interior para poder seguir. Sentía que Dios me decía que no me cayera, que faltaba poco y que confiara en Él.

Tendrás confianza, porque hay esperanza; mirarás alrededor, y dormirás seguro. (Job 11:18 RVR1960)

Entonces llamé a mi madre por ayuda, pero sus tarjetas de crédito estaban hasta las nubes. Sin embargo, al oír el extremo de mi desesperación, le preguntó a una de sus compañeras de trabajo si podría ayudarme. Su compañera me prestó el dinero. Al fin podía estar tranquila, en realidad por un momento llegué a pensar y me pregunté si Dios no quería que me fuera, o si eran los demonios tratando de impedir su salvación, desesperados por la ira de su gobernante. ¡Pero no!, nosotros teníamos una protección superior a la fuerza de los enemigos y en ese momento fue reafirmada.

Todo estaba coordinado para alzar vuelo ese mismo día. Nuestro itinerario decía que nuestro vuelo emprendería a las 3:21 de la tarde haciendo escala, para llegar a nuestro destino final en Newark, New Jersey, a las 10:29 p.m.; por tanto, debíamos presentarnos en el aeropuerto a la 1:00 de la tarde o antes. Ya se imaginarán mi ansiedad y desespero por no saber si lo excarcelarían a tiempo. Solo era cuestión de esperar confiadamente en que saldría temprano para llegar a nuestro cometido.

De cierta manera se podría decir que acampé a orillas de los portones del penal, esperando ansiosamente su salida, después de haber hecho toda su sentencia junto a él. Junto a mí me acompañaba una tía materna de Yuyo, quien al verlo lo recibiría con regocijo; mas la espera parecía eterna, pues no fue hasta las 10:00 de la mañana que lo liberaron. Al salir, su tía se descansó en sus brazos y le expresó su amor, suplicándole con lágrimas sinceras que estuviese bien y no derrochara esta gran oportunidad. Al vernos, la alegría fue inmensa. Nuestro abrazo fue algo mágico, increíble, detuvimos el tiempo una vez más. Su mirada resplandecía y qué decir de su sonrisa.

Apresuradamente hicimos varias paradas en lugares donde había gente que lo querían y ansiaban verlo renovado. Cuando lo vieron lo abrazaron, fue algo impresionante, conmovedor, ni siquiera yo podía creerlo. Mi papá nos esperaba en casa de mi abuela para llevarnos hasta el aeropuerto. Teníamos el tiempo contado para llegar. Cuando al fin llegamos, justo al despedirnos de mi papá, este le pidió acongojadamente y con melancolía que me cuidara bien.

Quizás partíamos demasiado rápido, pero tenía la urgencia de apartarlo de Puerto Rico para que se mantuviera lejos de los lugares perjudiciales para él. Con la ayuda de Dios, ya estábamos en el aeropuerto. Nadie pudo haber premeditado que lograría llevarlo hasta ahí. ¡Perseveré!

Nunca había estado junto a él sin los efectos de drogas circulando por cada vena de su cuerpo, así que cada movimiento que él hacía me inquietaba. Si iba a los sanitarios contaba el tiempo en que se tardaba. ¿Habrá escapado?, me preguntaba, pues el solo hecho de pensar que desistiera de abordar el avión y decidiera escapar, me angustiaba. Pero debía confiar en él, debía confiar en Dios porque por fe yo sabía que lo sacaría.

Celebramos y abordamos el avión inmediatamente. Honestamente no me cansaba de mirarlo, no alcanzaba a creerlo, estaba entre sus brazos montada en un avión viajando por los aires rumbo a New Jersey y ¡estando sano! Al llegar a Atlanta, una de nuestras más jocosas anécdotas y a la misma vez atemorizante, fue que, por ser nuestro primer viaje en escala para ambos, preguntamos a la mujer encargada de atender a los pasajeros en el avión, si nos podría proporcionar información sobre nuestro equipaje. Pero hubo una confusión y cuando el avión aterrizó fuimos directamente a recoger nuestro equipaje, ¿y qué creen? ¡Perdimos el avión!

Nos quedamos detenidos en Atlanta, nuestro equipaje estaba en New Jersey. Nuestra preocupación era considerable, ya que no teníamos dinero para costear otros dos pasajes. Inmediatamente nos dirigimos hacia un empleado del aeropuerto, y este muy amablemente nos acomodó en el próximo avión con destino a Newark, New Jersey. Al aterrizar fuimos directamente a recoger nuestro equipaje, pues llevaba horas esperándonos allí después de la enorme confusión.

Seguidamente nos dirigimos a las afueras del aeropuerto a esperar a su hermana, pero no había ni un solo rastro de ella por ninguna parte. De repente, su hermana lo sorprende efusivamente con un abrazo desesperado por su espalda. No hubo una representación gráfica de palabras habladas en ese momento. Entre ellos no existían palabras, solo hablaban las emociones, las miradas, sonrisas y lágrimas. Fue un recibimiento muy grato para ambos. Su hermana no hacía más que agradecerme la vida de su hermano y haberlo devuelto hasta sus brazos.

Habíamos triunfado con el poder y la autoridad que Dios nos proporcionó. Caminamos hasta una iglesia para agradecerle al Eterno su sanación, para pedirle fortaleza y voluntad para seguir dando pasos firmes. Porque únicamente lo lograría a través de su relación personal con Aquel que es todopoderoso. Ahora quería ser diferente, renovarse, trabajar, vivir cosas que nunca había vivido. Aspiraba dejar todos sus malos hábitos a un lado. Las marcas en sus brazos serían parte de su vida pasada. Estaba decidido a ser diferente.

En la noche fuimos a ver la ciudad de New York. El paisaje era impresionante, sin dejar de lado la luna quien con su asombroso color rojo-naranja hacía todo un espectáculo frente a nosotros. Era como tener el sol a nuestro alcance y lograr mirarlo, haciéndolo imposible de deshacer de la memoria.

10

Tristeza encantada

Mientras regresaba a Puerto Rico con la promesa de volver a New Jersey, tuve una sensación muy extraña, como una alerta. Algo estaba por suceder y lo que era no era para él. Podía sentir que él no sería para mí, que todo había acabado. ¿Se habrán desviado mis sentidos? ¿Me habré sugestionado? Dos meses era el máximo de tiempo para regresar. Queríamos estar juntos, comenzar a trabajar y hacer una familia; no obstante, antes debía dejar todo en orden en Puerto Rico.

Justo antes de marcharme, le dejé un mensaje en la internet con instrucciones básicas sobre cómo comenzar a sanar. El propósito era que él comprendiera sus heridas, el porqué, cuándo y cómo se lastimó. Él debía llegar primero a su corazón. Tendría que liberarse de seguir controlando su dolor. Debía confiar en que su corazón era guiado por Dios. Allí en su corazón, era donde único sus heridas podrían encontrar un lugar seguro para sanar y transformarse en una vida nueva para él. El ser amable consigo

91

mismo y dejar que su corazón fuese de su amoroso Padre, era el primer paso que debía seguir mientras sobrevivía a sus heridas. Así comenzó a hacerlo.

A las cinco de la madrugada me encontraba en el aeropuerto. Llegó el momento de despedirnos. El «hasta luego» era nuestro mayor consuelo, así que nos abrazamos fuertemente mientras mis ojos no paraban de llorar. Él me miró fijamente y me dijo:

—Ya no me asustes, me haces pensar que no volverás. ¡Yo estaré bien aquí esperándote!

Mientras lo veía salir hacia las afueras del aeropuerto, mi cuerpo moría por salir corriendo tras él. Me imaginaba caminando por la ciudad de New York hasta llegar a sus brazos otra vez. Deseaba poder escapar de aquel terreno llano de donde salen los aviones. Rogaba que pasara algo, cualquier cosa, que cancelaran los vuelos, que hubiese un atentado, algo que impidiese mi partida y me retuviera junto a él. Nada pasó, me tocaba irme y regresar a lo desconocido, porque a donde iba ya no estaba él, solo habitaba su recuerdo.

Viajé sin consuelo, la multitud me miraba con el rabillo del ojo por el descontrol de mi llanto hasta llegar a tierra firme. Una vez llegué, tuve que reportarme a mi trabajo como profesora en una institución educativa. Me presenté ante mis estudiantes con una enorme sonrisa, mas la hinchazón de mis ojos me delataba.

Mi tiempo en Puerto Rico me lo pasaba distraída y embobada, constantemente buscando alternativas. Los días pasaban y la tristeza, ansiedad y zozobra, se apoderaban de mí. Mi mente siempre estaba en un estado de agitación muy severo. El único sosiego era que volvería a ver a Yuyo en poco tiempo. Me encontraba en tremenda incertidumbre por no saber cómo renunciar a mis alumnos. Ellos le daban color a cada uno de mis días grises. Junto a ellos me sentía como la mamá gallina junto a todos sus pollitos. No era nada fácil dejarlos sin antes enseñarles el camino hacia el éxito.

En el intervalo, mientras ellos me sosegaban, logré percibir cierta lejanía de parte de Yuyo. Era algo un poco extraño que no sabría como describirlo. Las llamadas eran breves, había ausencia de palabras tiernas y hasta el tono de su voz era un tanto más fuerte. Era como si una pasión del alma muy violenta se manifestara en él, por temor a que sus malos hábitos del pasado atacaran nuevamente contra sí mismo. Así que su mejor modo de defensa era volar tan alto como las aves siendo muy fuerte y esforzándose por mantenerse en línea, resistiéndose a ser interrumpido, mostrándose ante los demás y así mismo con mucha fortaleza y valentía.

Mi más grande temor era que confiara demasiado en sí mismo y en sus propias luces, e hiciera borrón y cuenta nueva, que borrara su memoria y dejara de lado a su más fiel protector —Dios—. Su nobleza siempre me permitió enseñarle a moderar su aspereza. Pero ahora, ante la vista, era como un fiero salvaje, cansado de haber sido tan maltratado en la vida; de las humillaciones de aquellos que solo cargaban con un alma negra para dañar a los demás. Cansado de ser tan ignorado, que ahora él viviría para él y solo para él. Ahora sería primero él, segundo él, tercero él y por último él. Se oponía por completo a cualquier tipo de tempestad o marginalización.

Pero algo muy aparte a todo esto se asomaba, algo sucedía con nuestra relación. Continuamente evadía cualquier tipo de conversación seria acerca de nosotros. Esto hacía que me inquietara cada vez un poco más, me tenía con el alma en un hilo. Aún lo recuerdo, era lunes, día regular de trabajo, desperté con gigantesca desesperación pues ya ansiaba saber lo que verdaderamente estaba sobreviniendo, aunque mi intuición ya me lo había anticipado. Sin pensarlo más, tomé el teléfono, lo llamé y le pregunté:

—¿Qué sientes? Mi amor por ti es tan puro y desinteresado, que si realmente lo que sientes por mí es un agradecimiento enorme por lo que he representado en tu vida todos estos años, y lo has confundido con amor, tranquilo, yo lo entiendo. Te amo sin egoísmos y lo único que me interesa es tu bienestar. No anhelo un corazón forzado a mi lado, solo quiero que tú, mi gran amigo, estés bien.

En esos momentos su silencio fue devastador, pero en ese instante y muy pausadamente con su voz totalmente quebrantada admitió haber confundido sus sentimientos. En ese momento le reafirmé que seguiría siendo su amiga incondicional, ya que una amistad desinteresada era lo que nos distinguía. Apresuradamente me despedí pues no podía permitir que escuchara mi llanto, quizás eso lo haría sentirse muy culpable y lo podría arrastrar a las puertas del infierno otra vez y jamás me lo perdonaría. Ya mi trabajo con él estaba hecho, mi misión había sido cumplida.

Bienaventurado el varón que no anduvo en consejo de malos, ni estuvo en camino de pecadores, ni en silla de escarnecedores se ha sentado; sino que en la ley de Jehová está su delicia, y en su ley medita de día y de noche. Será como árbol plantado junto a corrientes de aguas, que da su fruto en su tiempo, y su hoja no cae; y todo lo que hace, prosperará. (Salmos 1:1-3 RVR1960)

En aquel momento no concebía cómo un amor tan fuerte y grande había sido deshecho tan rápido. Estaba muy desconcertada, no entendía nada. Recordaba cuando me daba las gracias por amarlo y no dejarlo solo. Los latidos de mi corazón fueron disminuyendo, comenzando a latir cada vez con menos vida. Todos los días anhelaba poder renacer de mis cenizas como una fabulosa ave fénix. Cuanto más nadaba para sobresalir de ese pozo en que me encontraba, este se llenaba y me jalaba más, ahogándome, intentando quitarme la vida, impidiéndome la respiración. El dolor me apretaba la garganta.

Había quedado en jaque sin poder moverme, sin saber para a dónde ir, sin rumbo ni dirección. Sentía como si los demonios tuviesen dominio total sobre mi cuerpo, pero en aquel momento no sabía qué era. La tristeza me oprimía, precisaba ir a la iglesia para buscar dirección y protección, para poder ser liberada de la opresión del enemigo que ahora a través de mi tristeza se apoderaba de mí. En aquel entonces ya estaba muy apartada y no quería asistir porque mi mente estaba muy mal prejuiciada hacia mí misma.

Sabía que no podía mantenerme en ese estado de incertidumbre, porque o le sirves a Dios o le sirves al diablo. En mi ignorancia, comencé a tomar pastillas analgésicas creyendo que todo ataque de espíritus malignos sobre mi cuerpo se calmaría. ¡Qué ilusa! Como consecuencia, comencé a sumergirme en una aterradora esclavitud espiritual por varios meses. Fui reduciéndome espiritualmente, mi autoestima pasó a ser de muy rica a muy pobre. El temor me llevó a una depresión que me agobiaba. Vivía aterrada, cada vez que sentía que el dolor me arrastraba, me daba escalofríos el solo pensar que intentaría atentar contra mi propia vida.

Me sentía torturada con pensamientos impensables que me traicionaban a mí misma. Hubo ocasiones que al despertar sentía en mi paladar el sabor de la droga, como si la anhelara, sin entender el porqué, pues jamás la había probado. Sentía despreciarme, vivía juzgándome y odiándome. Los malos pensamientos devoraban mi mente lentamente, intentando volverme loca, instalando en mi mente el suicidarme. Cuando atentas contra ti, definitivamente el mal existe.

El proceso por el que estaba pasando es conocido por muchos como enfermedad emocional. Sabía que realmente estaba pasando por una lucha espiritual.

Recordé que Dios no deja a ninguno de sus hijos en vergüenza. Fue entonces cuando decidí bajarme muy lentamente del árbol en el que estaba escondida y me aferré a Él, tal como lo hizo Zaqueo (Lucas 19 1-10). Le pedía a Dios que me enviara una respuesta y aliviara este dolor. El 1 de agosto recibí su respuesta.

Mi hermano mayor —de treinta años—, quien se había convertido al cristianismo hacía más de ocho años, me envió una canción cristiana a mi correo electrónico esa noche. Al escucharla comencé a escribir sin notarlo, involuntariamente. No sabía lo que escribía, tan pronto la canción terminó, mis manos automáticamente se detuvieron. Cuando leí lo que decía, toda mi piel se erizó por aquella terrible y dolorosa verdad. Comencé a llorar sin consuelo, pero fue cuando entendí el por qué me alejó de él.

«Tuve que apartarte de él porque Yuyo llegó a tu alma, y siendo esta el asiento de las emociones, ahora te sientes desnuda espiritualmente como consecuencia de tu acto, por haberlo amado más a él que a tu propia vida».

Yo conozco tus obras, y tu arduo trabajo y paciencia; y que no puedes soportar a los malos, y has probado a los que se dicen ser apóstoles, y no lo son, y los has hallado mentirosos; y has sufrido, y has tenido paciencia, y has trabajado arduamente por amor de mi nombre, y no has desmayado. Pero tengo contra ti, que has dejado tu primer amor. Recuerda, por tanto, de dónde has caído, y arrepiéntete, y haz las primeras obras... (Apocalipsis 2:2-5a RVR1960)

En la vida cosechamos lo que merecemos, pero siempre contaremos con la misericordia de Dios y con la oportunidad de arrepentirnos con sinceridad, porque Él siempre se alegrará de nuestro regreso. En el instante que recibí la respuesta que tanto solicité, aun teniendo dificultad para respirar, pude al fin salir del pozo en el que me ahogaba. Ahora entendía que había descuidado algo más grande que el cuerpo: el alma. Vivía transitando por «el valle de lágrimas», valle que frecuentemente me nublaba la mente, haciéndome creer que jamás sanaría mi alma.

Ahora sabía que, si seguía junto a él sin cuidar mi alma y sin amarme a mí primero, corría el riesgo de que si él caía yo caería con él. Esto comprobaba aún más la fidelidad de Dios para conmigo. No les niego que me sentí morir. Anduve tratando de recoger todos mis pedazos para volver a empezar, creyendo que sola podría hacerlo. Fingía sonrisas y me preguntaba: ¿cómo cuido mi alma?, pues me sentía vacía.

Celimar Feliciano

11

Conversación del alma

Dominando el miedo decidí establecer un punto de encuentro entre mi alma y yo, donde pudiese hablarle, aunque fuese a través del susurro del aire. No estaba lista para enfrentar esta batalla espiritual. Me encontraba tomando medidas para sanar y cuidar mi alma. El tiempo se agotaba y yo ya estaba en alerta. Mientras ella buscaba una ruta para la sanidad, la vía principal estaba bloqueada por el humo del cigarrillo que filtraban mis pulmones, privándome yo misma de mi libertad espiritual. Me faltaba fuerza de carácter, me sentía atada físicamente, totalmente expuesta a una gran cantidad de demonios.

Hay personas que piensan que los demonios son imaginarios, pero detrás de los errores lo que hay son males motivados por espíritus malignos. Ellos trataban de engañarme con falsas doctrinas mientras yacía en aquella prisión que, cada vez más, parecía de máxima seguridad. Todo estaba terriblemente oscuro, así que en ausencia de la luz me aproveché de las sombras e inventé un vuelo para escapar transitoriamente.

Quería ir a ver a Yuyo a mediados de agosto y verlo cumplir sus 31 años. ¡Me debía ese viaje! Tanto luché para verlo con vida y saludable que yo me merecía el regalo de verlo perfecto, fuerte, enérgico y ajustado a su nueva vida. Quizás con eso estaría más tranquila.

Aunque económicamente no tenía el dinero suficiente para comprar el pasaje, logré conseguirlo. Aterricé temprano en la mañana. Al llegar a la casa me paré justo al lado de su cuarto, escondida detrás de la pared. Yuyo esperaba un regalo de cumpleaños de mi parte, así que le entregué a su hermana una pancarta para él, con un bizcocho de cumpleaños dibujado. Ella tocó su puerta y le dijo:

—Te dejaron esto en la escalera.

Cuando él abrió la cartulina preguntó:

—¿Esto fue lo que envió?

Casi no pude contener la risa, esperaba que dijera: «¿Esta porquería?».

La hermana riéndose le dijo:

—¡Léelo! ¿Qué dice? ¡Léelo en voz alta!

Escrito decía: «¿Llegué a tiempo para verte

cumplir un año más de vida?». Él se quedó analizando muy desconcertado la pregunta, cuando de repente me asomé y le pregunté:

—¿Sí o no? ¿Llegué a tiempo?

Su rostro, su mirada y su cuerpo se inmovilizaron. Nuestra única reacción inmediata fue abrazarnos vigorosamente. Me acariciaba el rostro y me decía:

—Mi amiga, mi amiga está aquí.

Él no alcanzaba a creer que yo estuviese allí. Conversamos mucho y le conté acerca de la condición de mi alma. Le comenté que había sido afectada por consecuencia de mis actos, por haberlo amado más a él que a mi vida misma. Muy impresionado me sugirió inventar un «plan de escape». Y fue así como inició este capítulo.

Los sueños se cumplieron, es cierto lo que dicen que soñar no cuesta nada, lo que cuesta es realizar el sueño. Pero por sueños como este valió la pena esforzarse. En aquel viaje, al verlo tan renovado luego de tantos meses, descubrí mi verdadera identidad. Porque sin planificarlo actué con él, tal y como dice en las sagradas Escrituras:

Y si repartiese todos mis bienes para dar de

comer a los pobres, y si entregase mi cuerpo para ser quemado, y no tengo amor, de nada me sirve. El amor es sufrido, es benigno; el amor no tiene envidia, el amor no es jactancioso, no se envanece; no hace nada indebido, no busca lo suyo, no se irrita, no guarda rencor; no se goza de la injusticia, mas se goza de la verdad. Todo lo sufre, todo lo cree, todo lo espera, todo lo soporta. El amor nunca deja de ser; pero las profecías se acabarán, y cesarán las lenguas, y la ciencia acabará. Y ahora permanecen la fe, la esperanza y el amor, estos tres; pero el mayor de ellos es el amor. (1 Corintios 13:3-8, 13 RVR1960)

La fe, la esperanza y el amor son los tres movimientos del alma cristiana. No hay amor auténtico sin fe y sin esperanza. Mi verdadera personalidad fue construida por estos tres movimientos. Muchas veces le pregunté a Dios el por qué me permitió enamorarme de él tan intensamente si él no sería para mí. Y la respuesta está aquí. ¡Más clara y evidente imposible! Y es que ¡sin amor! nada es posible, porque el amor tiene la paciencia de soportar y padecer sin alterarse, tiene la capacidad de soportar tareas muy pesadas; el servicio a toda disposición del necesitado; justicia según se la merece cada cual; sin envidia porque en lugar de entristecerse por el bien ajeno se alegra; olvido para las ofensas; busca la verdad para asegurar y confirmar lo que se dice y saber de qué modo actuar al ayudar; no busca interés propio porque ama y ayuda sin esperar recompensas; pero sobre todo perdona, porque el amor es perfecto y reconoce que todo ser humano es imperfecto y no debe juzgar ni señalar a los demás.

Así que, al verlo, ya se imaginarán cómo todos estos afectos se unieron y me permitieron reconocerme en mi máxima expresión. ¿Puedo verlo como amiga? La respuesta es ¡sí! Porque lo amaba sin egoísmos, y a lo único a lo que realmente aspiraba es a su bienestar y amistad. Al regresar a Puerto Rico sentí un calor excesivo, asfixiante, que me provocaba una sensación de ardor, ya que comenzaba a poner en marcha mi sugerido «plan de escape». Me urgía hacerlo porque comenzaba a verme como una planta seca expuesta a mucho frío o calor.

Mas tarde leí que solo Cristo puede dar liberación a todos los que se encuentran encadenados en las prisiones de Satanás, a través de la oración. Sin embargo, una conversación con Dios no era mi mayor virtud. ¡Nunca había tenido hábitos de orar! Yo solo tenía bondad, razón natural y los recuerdos de cómo Yuyo me enseñó a orar. Así que comencé a conversar de la manera en que lo sabía hacer, hablando con Dios, como con un amigo; mientras conducía, mientras lloraba y en las noches dormitaba. Sin embargo, el sueño y las llamadas entrantes a mi celular intervenían en mi conversación, trastocando e intentando romper la oración con mucha impertinencia. No obstante, comencé a sentirme más tranquila.

Con el paso de los días, mi sonrisa era más genuina, más auténtica. Mi alma comenzaba a irradiar en mi rostro. Entonces me percaté que gozaba de haber recuperado la salud de mi alma espontáneamente. Todos esos demonios que me perseguían quedaron atrás. Dios envió un batallón de ángeles para defenderme y protegerme.

Mejor es adquirir sabiduría que oro preciado... (Proverbios 16:16a RVR1960)

Desde entonces comencé a mejorar, a enriquecerme. Las sensaciones del dolor pasaron a ser pertenecientes al pasado. Anteriormente me sentía desolada, entristecida, melancólica. Ahora me sentía viva, fuerte, enérgica, al igual que Yuyo.

Estuve atrapada mucho tiempo aspirando sanar. Satanás no tiene compasión ni conoce la caridad, está carente de conciencia. Él me afeaba con su pecado. A través de mi pecado vertía todas sus frustraciones en mí. Por más que padecía, más se reía de mí. Trataba de matarme haciéndome mucho mal. La indiferencia intentó arrancarme el amor para llevarlo arrastrado a sus pies y entregárselo a su gobernante. Por unos instantes me desplomé y me pregunté:

¿Por qué estás lejos, oh Jehová, y te escondes en el tiempo de la tribulación? (Salmos 10:1 RVR1960)

Era una pregunta de un alma mal inclinada, rodeada por la soberbia de un ser malvado.

Con arrogancia el malo persigue al pobre; será atrapado en los artificios que ha ideado. (Salmos 10:2 RVR1960)

¡Sí!, porque ese malvado Lucifer, cuyo nombre significa «el que lleva la luz, el más glorioso de los ángeles», quería intrigarme contra Dios, enredándome con astucia. Satanás, lleno de orgullo, aspiraba ser como el Altísimo y cayó (Isaías 14:12-15). Sin embargo, Dios me dio la luz en medio de mi súplica, aflicción y desesperación. Él me levantó.

Cuando se juntaron contra mí los malignos, mis angustiadores y mis enemigos, para comer mis carnes, ellos tropezaron y cayeron. (Salmos 27:2 RVR1960)

Celimar Feliciano

12

Un verdadero cambio

No escribo para hablarte de romances pasajeros, ni de la unión con otro ser. Esto fue una gran hazaña para mí, y aunque los resultados en relación con la unión entre nosotros no se dieron como esperamos, el amor entre amigos, ese afecto personal puro y desinteresado, perduró y se engrandeció cada día más. No es mi intención hablarles de lo que fue nuestra relación, les hablo y les escribo sobre los milagros que hace el verdadero amor —sin egoísmos— y del poder de la fe.

> *Escucha, pueblo mío, mi ley; inclinad vuestro oído a las palabras de mi boca. Abriré mi boca en proverbios; hablaré cosas escondidas desde tiempos antiguos... (Salmos 78:1, 2 RVR1960)*

Nunca fue mi intención enamorarme de una persona adicta a las drogas. Como les dije anteriormente, me obligué a renegar de ese amor por mucho tiempo. Sin embargo, logró conquistarme abrazándome sorpresivamente, invitándome a soñar con él, regalándome diariamente un concierto de sonrisas cuando todo parecía tan oscuro, dando por sentado que nuestra existencia y nuestro encuentro no fue coincidencia. Me enseñó el verdadero significado de la vida y del vivir, del amor y del amar. Creo en los milagros que hace el amor de Dios en nosotros. Ese milagro fue su rehabilitación. Dios nunca nos falló. Hoy me ven caminar con una enorme sonrisa en mis labios que ilumina a todos a mi alrededor.

Luego de tanta guerra espiritual, de andar por caminos muy extraños buscando alternativas para resolverle su dolor y enfermedad, Yuyo murió. Fue asesinado por alguien muy parecido físicamente a él. Hoy me llena de orgullo el presentárselos.

«Hola, mi nombre es Jorge Luis Correa Rivera y me gozo al decirles que yo asesiné a Yuyo, al viejo YO. Nunca imaginé que Dios me daría la oportunidad de asesinarlo yo mismo, ese fue mi mayor prodigio; el mejor suceso de mi vida que excedió los límites de Dios y su naturaleza. Siempre pensé que Dios haría un milagro conmigo. A través de ese motor llamado Celimar, que hizo revivir mi fuerza, voluntad, amor y fe; fue que Dios me concedió mi milagro. Ella siempre creyó que había encontrado su «ángel» en mí, sin notar primero que de «ángel» anduvo ella.

Siempre pensé que la muerte me sorprendería agonizando de alguna enfermedad, por algún accidente de auto, siendo aplastado mientras dormía en uno de los servi-carro de comida rápida por un conductor a exceso de velocidad, o baleado por una confusión en algún residencial público por los que me paseaba. Ya se imaginarán cuán significativo fue la aparición de esta persona en mi vida. Ella llegó expresamente de parte de Dios.

Dentro del círculo vicioso en el que vivía, ella era lo único positivo que existía. Mi «ángel» que cayó del cielo, me sacó del lodo en el que estaba. Estuvo conmigo en la tormenta de tristeza, desespero y enfermedad. No me vio como un adicto a las drogas, sino como un ser humano enfermo en busca de sanidad. Ella pudo ver mi cansancio, mas pudo ver también que me negaba a rendirme. Supo verme en el fuego y sanarme día a día las heridas que se producían en mi piel.

Ella conocía el proceso sin saberlo, tenía tanta fuerza, amor, paciencia y fe; que podía verme rehabilitado y brillando como un diamante, como el sol mismo. Me acompañaba día y noche como el cielo en mi diario vivir. También me enseñó que las nubes eran esponjas que absorbían nuestros deseos y que por eso siempre estaban ahí. Que cuando viera nubes

111

negras no me deprimiera porque solo nos ponen a prueba, y si dudamos nuestro deseo se debilita y no se convierte en realidad. Con ella aprendí la importancia de creer. Me enseñó que la lluvia era bendición, que el sol significa luz, esperanza y un nuevo amanecer para intentarlo otra vez.

Antes de conocerla mis días eran tinieblas, acudía a las drogas porque frisaba todos mis sufrimientos de mi vida pasada. Después de conocerla mis días se tornaron en luz. No les niego que se me hizo muy difícil asesinar a ese hombre; padecí escalofríos, vómitos y desvelos por varios meses. Veía gigantescos demonios sobre mí que no querían ser expulsados de mi cuerpo. La ansiedad me llevaba a comer muchos dulces para sentirme activo y alegre.

Logré vencer gracias a que Dios puso en mí voluntad, a la paciencia y comprensión de Celimar y a mi adorado Padre celestial. Con ella aprendí de igual forma que la sinceridad y la verdad nos hace libre y muchas veces me recalcó que solo estaría a mi lado, siempre que le fuera sincero y le hablara con la verdad, y así lo hice. Fue difícil, ¡sí!, no lo niego. Luché por corresponderle, yo mismo me negaba a creer que ella no fuera mi verdadero amor. Las cosas se salieron de mi control.

¿Nunca has tenido que luchar contra el desamor? Eso me sucedió. Soy un ser humano imperfecto, y ahora que tengo vida, intento día a día alcanzar la perfección. Ella me enseñó a estar en paz. La amo lo suficiente como para nunca engañarla ni olvidarme de ella. Preferí su amistad antes de perderla con falsedades. Es una persona muy sensible, de muy buenos sentimientos, que a la hora de ayudar lo hace con todo el corazón y sin mirar consecuencias. Gracias a Dios y a Celimar hoy tengo vida para vivirla. Ahora sé quién soy y la razón por la que estoy en este mundo.

Ya no deseo ser otro hombre, ahora soy feliz, gracias a esa gran mujer que me amó de distintas maneras: como madre y amiga. Siempre me ha dicho que, si volviera a nacer y Dios la enviara nuevamente a hacer lo mismo por mí, lo haría otra vez; aun sabiendo lo fuerte y pedregoso que fue el camino junto a mí.

Gracias Celimar por amarme por quien fui y por quien soy ahora. Por enseñarme que los pasados suelen ser muy tristes y que los recuerdos son aquellos que nos hacen sonreír. Te amo y te estaré agradecido toda la vida».

Cuando yo era niño, hablaba como niño, pensaba como niño, juzgaba como niño; mas cuando ya fui hombre, dejé lo que era de

113

niño. (1 Corintios 13:11 RVR1960)

Jorge Luis —antes Yuyo— metafóricamente fue abandonado justo frente a las puertas del infierno desde su nacimiento. En ocasiones podemos tener conductas y hábitos equivocados, pero a él lo condenaron desde sus comienzos, desde el vientre de su madre. Estaba en el lado más ruidoso, lleno de discordia, violencia y destrucción. Él no conocía otro hogar que no fuera ese. Los niños aprenden lo que ven y repiten lo que escuchan, así que Jorge Luis no tenía otra opción que habituarse a ello.

No había forma de que un niño pudiese calcular el término medio entre lo que estaba bien y lo que estaba mal, entre lo que era bueno y no tan bueno. Así que creció en un hogar disfuncional. Tras el fallecimiento de sus padres y cada uno de sus tantos pasados tristes, lo llevaron a tomar la errónea decisión de congelar sus sentimientos con mucha droga, tal y como lo aprendió.

Poco a poco se convirtió en un hombre con alma de niño, poniendo sus pies sobre la mitad de su infierno. Fue cuando descubrió que esa mitad de su hogar se llamaba «Calle de la amargura». Esa calle era muy ancha, tanto como para rondar en ella ociosamente de un lado a otro; comenzando a inquietar a la vecindad. Lo veían como un cuerpo orgánico en vías a la putrefacción. Muchos lo veían como una planta que podía dar frutos. Hasta estrecharon una amistad con el deseo de que Dios lo ayudara a desarrollarse y lograra dar buenos frutos. Otros lo humillaban y lo pisoteaban moralmente, cerrándole sus puertas.

> *Solamente consultan para arrojarle de su grandeza. Aman la mentira; con su boca bendicen, pero maldicen en su corazón. (Salmos 62:4 RVR1960)*

Cada maltrato, cada humillación, cada crítica, cada ofensa lo llevaba a seguir caminando hasta la próxima calle. Allí compraba su «medicina» para olvidar. Así pasó sus días por quince años, de una calle a otra. Solo, junto a su sombra, viéndolo día por día como un callejón sin salida en el que se sentaba en cuclillas, para pedir dinero en busca de su dosis diaria. Hasta que yo, al doblar en la esquina, por causa de Dios, me encontré con él tal y como les comenté. Ya conocen la historia. Desde ese día tomé la decisión determinante de adentrarme a la mitad de su hogar y caminar cada vez más cerca del fuego junto a él, sin temor a quemarme, hasta encontrar una salida alterna, una que no lo llevara a la puerta donde su vida comenzó.

Celimar Feliciano

13

El amor de Dios

La carta a los Romanos nos revela que el amor es el medio más eficaz para lograr la justicia. Nos dice que el hombre desearía sanar de su mal, pero le falta la llave para comprenderse a sí mismo. A Jorge Luis le faltaba esa llave y el amor para poder comprenderse. Cuando lo encontré estaba casi en pedazos, se estaba extinguiendo su luz. Su cuerpo se descomponía y las señales eran evidentes al ver las llagas y las ampollas en su piel.

Dios no me dio un espíritu de cobardía. Al ver el desorden de su vida comencé a ayudarlo sin desenfocarme. Más que todo, mi objetivo principal era verlo plenamente recuperado y feliz para luego hacerlo habitar en familia. Así lo hice. Las estadísticas dicen que solo un porcentaje muy bajo de los usuarios de estupefacientes que se han rehabilitado, han logrado mantenerse firmes por su relación personal con Dios.

Jorge Luis, a pesar de creer firmemente en Dios,

en ocasiones le reclamaba y le cuestionaba el por qué tuvo que ser un adicto y no alguien normal en medio de tanta gente. La rebeldía contrapone cierta resistencia haciendo que olvidemos la verdadera obediencia, y con el paso del tiempo Jorge Luis pensaba y se decía a sí mismo como dice la Palabra:

Dice en su corazón: No seré movido jamás; nunca me alcanzará el infortunio. (Salmos 10:6 RVR1960)

Era vital que Jorge Luis edificara su vida agarrado de la mano de Dios, porque la Biblia dice:

Entrad por la puerta estrecha; porque ancha es la puerta, y espacioso el camino que lleva a la perdición, y muchos son los que entran por ella... (Mateo 7:13 RVR1960)

Para muchos, la puerta del infierno es como una puerta secreta que usualmente solo pueden ver y usar aquellos que la conocen y saben dónde está, o cuando la ven y entran sin ser llamados. Hay tantas puertas a las que se entran por debilidad o por el deseo de averiguar lo que no nos concierne. Muchos han entrado a algunos de estos portales, accediendo a la infidelidad, adulterio, asesinatos, abortos, drogadicción, alcoholismo, robo, prostitución, críticas, mentiras y muchas más. Otros han entrado en todas.

Por otro lado, cuando se toma la firme y fuerte decisión de cerrarlas debemos asegurarnos de que estén bien cerradas, de lo contrario es como si el trato quedara abierto. Todo lo que es prohibido llama la atención, somos muy curiosos; el pecado te estimula, pero no debemos olvidar que es como una solicitud directa de Satanás.

Por eso era mi afán desmedido, de que Jorge Luis asistiera a la iglesia o buscara algún programa donde le brindaran ayudas psicológicas y un guía espiritual. De lo contrario, esa puerta del infierno donde su mala vida comenzó seguiría abierta. No obstante, con el pasar de los días Jorge Luis no dejaba que Dios trabajara a través de su Palabra. Su debilidad natural permitió que la puerta se abriera un tanto más y se asomara el mal con un rostro normal. Eso me inquietaba aún más, porque la Palabra dice:

Su boca está llena de maldiciones, mentiras y amenazas; tienen maldad y violencia en la punta de la lengua. Se esconden en emboscada en las aldeas, a la espera para matar a gente inocente; siempre buscan víctimas indefensas. Como leones agazapados en sus escondites, esperan para lanzarse sobre los débiles. Como cazadores capturan a los indefensos y los arrastran envueltos en redes. Sus pobres víctimas quedan aplastadas; caen bajo la fuerza de los malvados. Los malvados piensan: «¡Dios no nos mira! ¡Ha cerrado los ojos y ni siquiera ve lo que hacemos!». (Salmos 10:7-11 NTV)

Satanás cree que luego de haber caído en tentación, Dios nos olvida. Yo me pregunto, ¿no será que nosotros nos olvidamos de Él y preferimos ser bastardos y ceder a la debilidad? Porque honestamente, es más fácil pecar, no cuesta trabajo y hasta se siente divertido, pero... ¿llena el vació en tu interior? ¿Somos justos después de que Dios entregó la vida de su único Hijo para que muriera por nosotros, para librarnos de nuestros pecados? ¡No lo creo!

Pedimos misericordia, pero ¿tenemos misericordia de los demás? Diariamente justificamos nuestros hechos por un adverbio muy comúnmente usado: «tan». No estoy «tan» bien pero tampoco estoy «tan» mal, y necesitamos al menos una persona que nos lo confirme. ¡No existe el «tan», son solo razonamientos que dentro del pecado Satanás te da! Él es nuestro enemigo personal y de no someternos a Dios pasamos a ser amigos del diablo.

Por tanto, sométanse a Dios. Resistan, pues, al diablo y huirá de ustedes. (Santiago 4:7

NBLA)

...sino que cada uno es tentado, cuando de su propia concupiscencia es atraído y seducido. (Santiago 1:14 RVR1960)

A muchas personas el someterse a Dios voluntariamente les hace sentirse humillados. Ciertamente hay que humillarse, bajar la cabeza, doblar las rodillas y deshacerse del orgullo, pero Jorge Luis creía que el solo tener conocimiento de la Palabra lo libraría de riesgos y la droga no tendría control sobre él, sin recordar primero que Dios prefiere la obediencia. Jamás pisaría más lejos alejado de la mano de Dios. ¡Nadie triunfa por sus propias fuerzas!

Él guarda los pies de sus santos, mas los impíos perecen en tinieblas; porque nadie será fuerte por su propia fuerza. (1 Samuel 2:9 RVR1960)

Aunque lo intentes, terminarás en las tinieblas otra vez. El conocimiento y el arrepentimiento solos, ¡no salvan! Claro está, la salvación es posible por el sacrificio de Jesús en la cruz, no por algo que hayamos hecho nosotros; sin embargo, está de nuestra parte el unir el conocimiento, arrepentimiento y obediencia para perseverar en el camino de Dios. Porque sin el conocimiento no sabrías lo que está bien y lo que está mal, perecerías sin él. La Biblia dice:

Mi pueblo fue destruido, porque le faltó conocimiento. Por cuanto desechaste el conocimiento, yo te echaré del sacerdocio; y porque olvidaste la ley de tu Dios, también yo me olvidaré de tus hijos. (Oseas 4:6 RVR1960)

Sin el arrepentimiento no podríamos cambiar nuestra forma de hacer las cosas. Lo necesitamos para convertir ese mal camino en uno de obediencia y así llegar a la salvación. El buen conocimiento nos llevará a arrepentirnos y a la obediencia, pero el conocimiento solo ¡jamás! Por eso es mi deber tenerles que confesar que «Yuyo» fue desenterrado por Jorge Luis mismo. Volviendo así a caminar sobre sus huellas pasadas y oscuras otra vez. A través de un mensaje de texto me dijo:

«Lo siento, volví a equivocarme; si no quieres ser más mi amiga, lo entenderé. Solo quiero que me perdones. Caí de nuevo en la droga creyendo que ella no me iba a controlar, pero no fue así».

Dios le dio a Jorge Luis alrededor de un período de un año para acercarse a Él y probar su fe, pero su fe retrocedió. Confió demasiado en sí mismo y se acercó al enemigo. ¿Cómo describirías al enemigo? Era de carne y hueso, con un rostro normal, similar a un buque enemigo, esperando en el puerto su cargamento: a Jorge Luis, hasta llevarlo frente a las puertas del comercio de la drogadicción otra vez. A Dios no se pone a prueba, se le cree, se le conoce y se obedece. No lo quiero justificar, pero esta historia es real. Así trabajan la mente y el cerebro en el contexto de la vida real.

Hay muchos factores que pueden turbar la vista de una persona en ese momento culminante de recuperación: estar sin dinero para cubrir sus gastos, riñas constantes en el núcleo familiar que lo rodean y pesadillas, entre otros. Y definitivamente, una mala compañía que le pueda hacer recordar las sensaciones que producían en su cuerpo tales sustancias, puede ser devastador; aún más si está en completa desconexión con la espiritualidad, que es vital para poder enfrentar las tentaciones del mundo que le rodean.

Él llevaba dentro de su cuerpo un conjunto de síntomas provocados por una brusca suspensión de las tantas dosis habituales a las que él ya estaba acostumbrado. A esto se le conoce como el «síndrome de la recaída». Es ahí cuando vuelves a reincidir en tus acostumbrados hábitos otra vez, por no aceptar el riesgo y conocer las distintas fases que conlleva un proceso de rehabilitación. Esto fue lo que él no hizo.

Confió demasiado en él mismo, en sus propias fuerzas, en su propio ego. Tenía un exceso de autoestima.

¿Alguna vez te has sentido «súper yo»? Comienzas con una fantasiosa obra ideal de quién quieres ser, donde solo tiene poder el ¡yo! Haces una resolución donde solo usas tu razón natural, esa que usas para distinguir entre lo que está bien y está mal. Sueñas, planteas metas dos o tres veces por encima de lo que imaginas. Suena muy bonito, pero te sientes tan «súper encima de yo controlo», que crees poder lograrlo todo en poco tiempo y ¡solo! En ese estado piensas que controlas tu mundo, tu realidad y la del mundo exterior.

A veces experimentamos cómo resultará el ser un «súper yo». A través de una fotografía, probamos nuestras cualidades, cuando en realidad somos nosotros mismos poniendo a prueba el límite de nuestra propia resistencia. No nos damos cuenta de que al querer ser un «súper yo», no dejamos entrar a nadie que nos ayude, porque según las leyes del «súper yo», podemos solos. ¿Son impulsos del corazón o sueños del pensamiento?

14

Nuestras fuerzas no son suficientes

Como les decía en el capítulo anterior, las leyes del «súper yo» son muy exigentes, se basan en convertirte en alguien nuevo o en uno muy diferente, frívolo, sin emociones ni memorias y sin pasado. ¡Nada fácil! En sus pensamientos, Jorge Luis se escuchaba simple, mas en su corazón reposaba su amor por su verdadera esencia, esa particularidad que lo distinguía de los demás, quien con su enorme sonrisa hacía sonreír a tanta gente. Aún recuerdo que siempre solía decirme:

—¡Ma... yo soy Superman!

Él dentro de sus sueños anhelaba ser Superman, porque nada podía destruirlo, solo la kriptonita —la droga —, y estando lejos de ella ¿qué podría pasar? ¡Todo! Lo superhéroes no existen, son cosas de ciencia ficción, un personaje imaginario. Por más hazañas, virtudes o acciones heroicas que un hombre pueda hacer, siempre será menos que Dios.

Al Jorge Luis tropezar nuevamente con su pasado después de tanto tiempo, recordó lo aburrido que era su infierno, ese en que vivió durante quince largos y sufridos años. Entonces creyó que nunca podría ser un hombre normal, con una vida estándar. Por más que trabajaba con su debilidad sus acciones eran súbitas, sin reflexionar. De repente algo resonó muy fuerte en su corazón: le faltaba unirse a Dios. Pudo darse cuenta de que el infierno que él mismo construyó al querer ser un «súper yo», fue aburrido hasta para él mismo.

Ciertamente el pecado te hace vivir una vida llena de mentiras que disfrutas hasta enredarte y tropezar con ellas. Te entretienes criticando y juzgando a los demás hasta terminar siendo tú el difamado, sintiendo cómo la droga te pasea, mientras la jeringa se convierte en tu mejor «amiga». De ver cómo el dinero te envuelve, te lleva hasta la cima, donde al tenerlo todo no tienes nada, cuando los placeres de la carne te entretienen y al despertar ya se han ido y te sigues sintiendo solo(a). Esto puede llegar a ser hasta aburrido.

La misma rutina sin razonar de todos los días, semejante a la historia de nunca jamás, este es el infierno construido por los humanos —nosotros—. El centro de entretenimiento más divertido. ¡Bienvenido! Las puertas están abiertas para todos.

¡Nadie fue excluido! ¿Por qué? Porque todos estamos, de una manera u otra, atados a las emociones de la carne. Son potestades espirituales que intentaron, intentan e intentarán, día por día, ejercer dominio total sobre nosotros.

Todos somos débiles y caemos, no importa en qué. Por eso necesitamos de Dios. Pecado es pecado. Debemos concentrarnos en trabajar con nuestras propias debilidades. Que esa sensación de hambre no sea para atacar al que está a nuestro lado, sino para ayudar. Queda mucho por hacer con nuestra propia vida. Debemos extender nuestra mano para levantar y no para señalar.

Si has vuelto a pecar y no te gustó cómo se sintió el caer, tranquilo(a), volver atrás a veces pasa, lo que importa es que seas tan sabio e inteligente para levantarte y empezar de nuevo. No importa la suma de veces que lo intentes, lo que importa es que no te rindas, solo tienes que desearlo. Debes creer en tus sueños. No significa que no vayan a haber tropiezos, lo que importa es que te levantes del suelo. Que aprendas a gatear como cuando eras un bebé hasta aprender a caminar sin tambalearte.

Eternamente habrá alguien muy misericordioso esperándote con los brazos abiertos. Dios siempre está esperando por ti. Esto no significa que podemos seguir pecando muy serenos y de igual modo Dios será nuestro amigo. ¡No! Mientras seamos amigos del pecado seremos enemigos de Dios. La Biblia dice:

Por cuanto los designios de la carne son enemistad contra Dios; porque no se sujetan a la ley de Dios, ni tampoco pueden; y los que viven según la carne no pueden agradar a Dios. (Romanos 8:7, 8 RVR1960)

Sobre nosotros permanece el derecho de elegir un futuro maravilloso o un infierno aburrido como ese. Tristemente, la mayor parte del tiempo lo vivimos pensando en lo que necesitamos, mas no en lo merecido. Sin embargo, todavía hay esperanza.

Porque en esperanza fuimos salvos; pero la esperanza que se ve, no es esperanza; porque lo que alguno ve, ¿a qué esperarlo? Pero si esperamos lo que no vemos, con paciencia lo aguardamos. (Romanos 8:24, 25 RVR1960)

Jorge Luis y yo pensamos que este «infierno» del que tantas veces nos aburrimos, es solo el camino de la oscuridad hacia la luz; un destino determinado. ¡Sí! Esa resolución determinante que haces decisivamente al comienzo de cada año y debes mantener con voluntad hasta el final. Caminar como es debido no es fácil, debido a nuestra naturaleza humana; sin embargo, trae grandes satisfacciones. El pecado deforma, te afea, tu figura va cambiando, el semblante se altera y los estados emocionales suelen ser más sensibles.

Hay que emplear el tiempo en algo constructivo para desviar las fuerzas del enemigo que en ocasiones se muestra de forma diferente. No te seques espiritualmente. Haz una determinación, remedia tus males y cura las pasiones violentas de tu alma. Busca una buena linterna, un ser que ilumine tu camino oscuro, que te dirija y te enseñe el camino hacia la luz; un portador de paciencia, voluntad, amor y comprensión.

Cualquiera, pues, que me oye estas palabras, y las hace, le compararé a un hombre prudente, que edificó su casa sobre la roca. Descendió lluvia, y vinieron ríos, y soplaron vientos, y golpearon contra aquella casa; y no cayó, porque estaba fundada sobre la roca. Pero cualquiera que me oye estas palabras y no las hace, le compararé a un hombre insensato, que edificó su casa sobre la arena; y descendió lluvia, y vinieron ríos, y soplaron vientos, y dieron con ímpetu contra aquella casa; y cayó, y fue grande su ruina. (Mateo

7:24-27 RVR1960)

Al darse cuenta de su culpa, de su error, Jorge Luis pidió perdón a Dios y accedió a dar como testimonio este libro. Desde entonces, Jorge Luis y yo nos hemos distanciado, pienso que hasta ahí llegó mi camino junto a él. En la actualidad desconozco su paradero, no sé si ha vuelto a cegarse, o si continúa guerreando día a día contra el vicio de las drogas, contra el que solo no pudo. Espero que hoy en día continúe bien, aferrado a un superior que pelee por él.

Esta experiencia cambió mi vida. No existen ángeles humanos, como muchos pensamos, ni él ni yo lo fuimos. Somos misioneros de Dios porque Él no hace acepción de personas. La diferencia la haces tú. Si no aprovechas la oportunidad de Dios para tratar contigo, puede ser que no tengas otro encuentro con Él. La misericordia de Dios es infinita, aprovecha la oportunidad de ser libre.

Mas a todos los que le recibieron, a los que creen en su nombre, les dio potestad de ser hechos hijos de Dios... (Juan 1:12 RVR1960)

15

Aprendiendo de esta experiencia

El conocer a Jorge Luis fue una experiencia inesperada que me ofreció Dios en mi vida. Conocí la dicha de perdonar y aprendí que uno ama a los que nos rodean, porque todos son parte de nuestra vida y nuestra historia. De todos se aprende algo, aunque a veces produzca dolor.

Junto a él conocí la gracia de golpe, aquella noche inesperada, haciéndome sonreír; ayudándome a amar lo agradable y desagradable de él, de mí y del ser humano. Comencé practicando el bien, y según fueron pasando los días, pude sentir el aire y notar el sol que entraba por mi ventana fortaleciéndome el alma cada mañana. De igual modo conocí que yo era débil para amar. Pude notarlo al encadenarme yo misma, por haberlo amado a él más que a mi vida misma. No obstante, pude conocer y aprender que me hacía libre al saber amar.

Conocí la justicia divina quien, dotada de

hermosura, con gran perfección y delicadeza, estableció la igualdad y la proporción que debía haber entre aquellos que nos rodeaban, sancionándolos o recompensándolos según se lo merecía cada cual, debido a nuestras acciones. El ayudarlo no significó una pérdida de mi tiempo, pues en mi interior residen mi realización y mi comprensión a toda forma viviente y por toda situación sin importar su estilo de vida. Viví muchas experiencias junto a él, muchas divertidas, otras difíciles e incluso traumáticas, pero de haber sido una persona temerosa e insensible ante las injusticias, esta no hubiese sido mi mejor experiencia de juventud.

Aprendí que a veces hay que arriesgarse y nadar contra la corriente para intentar salvar a alguien, para luego volver a nuestra vida normal, a la de la comodidad. Porque si solo pensamos en nosotros mismos, nos convertimos en seres frívolos.

Amarás a tu prójimo como a ti mismo. (Mateo 22:39b RVR1960)

Sobre toda cosa guardada, guarda tu corazón; porque de él mana la vida. (Proverbios 4:23 RVR1960)

Mi visita a Jorge Luis no fue en vano. El servicio es una reacción en cadena para motivar a otros a servir.

Dios me habló y solo a mí me tocaba creer, a nadie más. Tuve valor al ayudarlo, desafié al cansancio. Aprendí que no existe demonio que pueda evitar la sanación. Pude probar mi fe, agradando así a Dios, en medio de tanta oposición. Si me hubiera inmovilizado, jamás me hubiera arriesgado a ir más lejos y nunca hubiese conocido el amar como Dios lo hace.

Dios no te abandona por tus defectos por Él ser perfecto. Él te arropa entre sus brazos y te dice: «Quiero que seas mi hijo». El camino del Evangelio es para valientes, y no hay de qué temer, somos más que vencedores, tenemos la victoria si le servimos a Dios. Satanás está derrotado.

Vestíos de toda la armadura de Dios, para que podáis estar firmes contra las asechanzas del diablo. Porque no tenemos lucha contra sangre y carne, sino contra principados, contra potestades, contra los gobernadores de las tinieblas de este siglo, contra huestes espirituales de maldad en las regiones celestes. Por tanto, tomad toda la armadura de Dios, para que podáis resistir en el día malo, y habiendo acabado todo, estar firmes. Estad, pues, firmes, ceñidos vuestros lomos con la verdad, y vestidos con la coraza de justicia, y calzados los pies con el apresto del evangelio de la paz. Sobre todo, tomad el escudo de la fe, con que podáis apagar todos los dardos de fuego del maligno. Y tomad el yelmo de la salvación, y la espada del Espíritu, que es la palabra de Dios... (Efesios 6:11-17 RVR1960)

El ser una nodriza para Jorge Luis, no solo me llevó a alejarlo de la apostasía, sino que le hice recordar y volver a escudriñar nuevamente el Evangelio. También me guió a mí a interesarme en la historia de la vida de Jesucristo y sus milagros. Me llevó a buscar y acercarme más a Dios, e incluso hacia mí misma. Este es un gran legado.

Cómo contactar a la autora

Puede contactar a la autora a través de facebook en:

facebook.com/celimarworship

www.ingramcontent.com/pod-product-compliance
Lightning Source LLC
Chambersburg PA
CBHW071126090426

42736CB00012B/2026